BEI GRIN MACHT SICH IHR
WISSEN BEZAHLT

- Wir veröffentlichen Ihre Hausarbeit,
  Bachelor- und Masterarbeit

- Ihr eigenes eBook und Buch -
  weltweit in allen wichtigen Shops

- Verdienen Sie an jedem Verkauf

Jetzt bei www.GRIN.com hochladen
und kostenlos publizieren

GRIN

Michaela Sankowsky

Grundlagen der Governance-Analyse

Lernzusammenfassung

GRIN Verlag

Bibliografische Information der Deutschen Nationalbibliothek:

Die Deutsche Bibliothek verzeichnet diese Publikation in der Deutschen National-
bibliografie; detaillierte bibliografische Daten sind im Internet über http://dnb.d-
nb.de/ abrufbar.

Impressum:

Copyright © 2011 GRIN Verlag GmbH
Druck und Bindung: Books on Demand GmbH, Norderstedt Germany
ISBN: 978-3-656-72992-1

Dieses Buch bei GRIN:

http://www.grin.com/de/e-book/279183/grundlagen-der-governance-analyse

GRIN - Your knowledge has value

Der GRIN Verlag publiziert seit 1998 wissenschaftliche Arbeiten von Studenten, Hochschullehrern und anderen Akademikern als eBook und gedrucktes Buch. Die Verlagswebsite www.grin.com ist die ideale Plattform zur Veröffentlichung von Hausarbeiten, Abschlussarbeiten, wissenschaftlichen Aufsätzen, Dissertationen und Fachbüchern.

Besuchen Sie uns im Internet:

http://www.grin.com/

http://www.facebook.com/grincom

http://www.twitter.com/grin_com

Governance-Analyse
- Begriff steht für alle Arten kollektiven Handelns, Formen und Mechanismen der Koordinierung zwischen mehr oder weniger autonomen Akteuren, deren Handlungen interdependent sind (sich wechselseitig beeinträchtigen oder unterstützen können)
- Governance: Verstehen, wie bestimmte Formen kollektiven Handelns in Politik, Verwaltung, Wirtschaft und Gesellschaft funktionieren und wirken (spezifische Struktur-Prozess-Zusammenhänge)

Deskriptiver Begriff
- Kollektive Entscheidungen kommen in modernen Gesellschaften zunehmend in nicht-hierarchischen Formen der Zusammenarbeit zwischen staatlichen und privaten Akteuren zustande (Gesetzgebung und autoritative Gesetzesdurchsetzung des Staates verliert an Bedeutung)

Normativer Begriff
- Governance häufig zur Beschreibung eines Modells des „guten" Regierens oder Verwaltens verstanden (Normen wie demokratische Verantwortlichkeit von Regierungen, Rechtsstaatlichkeit, Transparenz und Unabhängigkeit der Politik und Verwaltung von spezifischen Interessengruppen)

Praktisches Konzept
- Governance als Regierungstechnik
- Abgeleitet aus dem normativen Konzept von „Good Governance", fokussiert aber auf Management von Interdependenzen, Netzwerken oder Verhandlungssystemen ohne Rückgriff auf formale Entscheidungskompetenzen

Analytischer Gebrauch
- Impliziert eine spezifische Sicht auf die Wirklichkeit, indem Interdependenzen zwischen Akteuren und verschiedene Formen der Interdependenzbewältigung im Kontext von Institutionen und gesellschaftlichen Teilsystemen in den Mittelpunkt gerückt werden

Governance-Perspektive fokussiert auf wachsende Bedeutung nicht-hierarchischer Formen der Koordination von Politik und deren Effektivität und Legitimität
- Nationalstaat ist nach außen immer weniger fähig, allein Entscheidungen für Bürger seines Territoriums zu treffen (Fragen der Wirtschafts-, Sozial- oder Umweltpolitik werden mit anderen Staaten, internationalen Organisationen oder privaten Akteuren auf globaler und europäischer Ebene abgestimmt)
- Einsatz marktförmiger Steuerungsinstrumente innerhalb des Staats- und Verwaltungsapparates soll Kosteneinsparungen und größere Effektivität der Abläufe ermöglichen

Governance-Modi: Mechanismen und Formen
Formen
- Strukturen der Interaktion (geprägt durch dauerhaftes Zusammenwirken, durch formale Regeln institutionalisiert)
- Betreffen Interaktionen zwischen Akteuren und ihre kausale Verknüpfung zu kollektiven Handlungen und Entscheidungen

Mechanismen
- Prozessverläufe, die sich kausal im Rahmen dieser Formen ergeben
- Strukturen, Machtverteilung und formalen und informellen Regeln, die Handlungen und Interaktionen beeinflussen

Funktionsweise und Dynamik von Governance ergibt sich aus dem Zusammenwirken von Mechanismen und Strukturen
Elementare Mechanismen

- Handlungskoordinierung erfolgt
  - über Anpassung auf der Grundlage von Beobachtung
  - durch Einfluss auf der Grundlage von Kommunikation oder Interdependenzen
  - durch Vereinbarungen auf der Basis von Verhandeln
- Anpassung und Einfluss können ein- oder wechselseitig erfolgen (Governance beruht auf Interaktionen, deshalb sind wechselseitige Verhaltensänderungen zu erwarten)
- In komplexeren Governance-Formen wirken meist spezifische Kombinationen dieser Mechanismen, wobei in aller Regel jeweils einer dominiert
- Governance bedeutet damit, dass Akteure in verbundenen Strukturen interagieren, in denen verschiedene Koordinationsmodi kombiniert werden

Governance-Modi
Hierarchie
- Gilt im Staat und in der Verwaltung (für interne Strukturen und Prozesse, für Verhältnis zu Bürgern oder kollektiven gesellschaftlichen Akteuren)
- Dominantes Strukturmuster in Unternehmen oder in Organisationen in anderen Gesellschaftsbereichen
- Vorteil: Hierarchische Organisation sichert Handlungsfähigkeit und Berechenbarkeit, die für demokratischen Rechtsstaat, Wirtschaftsorganisationen, verband oder Verein essenziell ist)
- Funktionsdifferenzierung zwischen Ebenen der Hierarchie: Akteure, die in leitender oder kontrollierender Funktion arbeiten, verfolgen andere Interessen als Akteure, die mit Vollzugsaufgaben betraut sind
- Hierarchische Koordination beruht daher auf gegenläufig asymmetrischen Machtverteilung, in der Koordination im Wege der wechselseitigen Anpassung stattfindet
- Voraussetzung: Formale Regeln (Funktionsteilung, formale Verhaltensregeln, Kompetenzregeln, Regeln der Belohnungen oder Sanktionen)
- Governance-Modus: Wechselseitige Interaktion impliziert

Netzwerk
- Formal autonome Akteure verwirklichen in relativ dauerhaften, aber nicht formal geregelten Interaktionsbeziehungen gemeinsame Ziele oder Werte
- Koordination erfolgt durch wechselseitigen Einfluss auf Basis von Informationsvermittlung oder Ressourcentausch
- Stabilität der Beziehungen zwischen Akteuren beruht auf wechselseitigem Vertrauen der Netzwerkpartner gemeinsame Ziele bzw. Werte zu unterstützen (führt zu relativ hoher Stabilität der Interaktionsbeziehungen und Koordinationsleistungen von Netzwerken)

Verhandlung
- Akteure kommunizieren direkt über Ziele und Interessen mit Absicht, zu Einigung zu kommen
- Prozessaspekt tritt stärker in den Vordergrund (Struktur-Prozess-Zusammenhang)
- Beteiligte Akteure müssen wissen, dass sie gemeinsame Interessen verwirklichen müssen, um individuelle Interessen zu erreichen
- Koordination durch direkte Kommunikation
- Unbedingte Konzessionen: Verhandlungspartner interagieren im Modus des „bargaining" und einigen sich entweder durch Annäherung von Positionen (Kompromiss) oder wechselseitige Konzessionen (Tauschgeschäfte in Paketlösungen)
- Bedingte Konzessionen: Verhandlungspartner interagieren im Modus des „arguing", wollen sich durch rationale Argumente wechselseitig überzeugen, verhandeln „verständigungsorientiert"
- In realen Verhandlungen geschieht meist Kombination der Verhandlungsmodi, die je nach Verhandlungsgegenstand und institutioneller Einbindung der Akteure und Phasen des Prozesses variiert
- Verhandlungen bieten allen Akteuren Option Zwang auszuüben in Form von Vetomacht

Wettbewerb
- Mechanismus der Handlungskoordinierung, mit dem Akteure zu wechselseitiger Anpassung ihrer Chancen veranlasst werden
- Auslöser: Abhängigkeit von gemeinsamen Interesse an einem grundsätzlich knappen Gut oder am individuellen Interesse der Akteure, dieses Gut zu erlangen
- Damit Koordination im Wettbewerb gelingt, müssen alle Beteiligten die Grundregel akzeptieren, dass der „Leistungsfähigere" gewinnt (verlangt Vergleich von Leistungen nach anerkannten und eindeutigen Normen)

Markt
- Anbieter und Nachfrager konkurrieren untereinander um günstigste Tauschgeschäfte
- Kombination von zwei Wettbewerbsmechanismen auf Anbieter- und Nachfragerseite (Akteure verfolgen Ziele der individuellen Bedürfnisbefriedigung, die sie im kollektiven Akt des Tausches verwirklichen wollen)
- Idealer Markt lenkt individuellen Handlungen der Akteure zentrale Bezugsgröße für Koordination dieser Handlungen (Preis des Guts) ohne Bedarf einer übergeordneten Entscheidungsinstanz
- Vorgabe sind nur Regeln des Marktes und Eigentumsordnung oder Wettbewerbsregeln, für die Staat zuständig ist

Politischer Wettbewerb
- Unterschied Markt: Vergleichsmaßstäbe werden durch politische Entscheidung definiert
- Findet statt, wenn Qualitätsstandards gegenüber unabhängigen Akteuren oder Organisationen durchgesetzt oder Innovationen induziert werden sollen
- Schwierigkeit: Vergleich der Leistungen und Durchsetzung komparativer Handlungsorientierungen (Vergleiche scheitern an Komplexität von Aufgaben, auf die sich Leistungsmessung erstreckt oder an Manipulation von Informationen durch die konkurrierenden Organisationen oder Akteure)
- Politischer Wettbewerb richtet sich auf ständige Überwindung vorhandener Leistungsniveaus und auf Koordination in eigendynamischen Lernprozess
- Nachteil: Überwindung von Standards kann auch zu Verschlechterung („race to the bottom") führen, wenn nicht beabsichtigte Anreize darauf hinwirken (versagender Koordinationsmechanismus („governance failure"))

Gemeinschaft
- Erfassen Personen als Ganze und nicht nur als Träger von besonderen Funktionen
- Gemeinschaften beruhen nicht auf formalen Regeln, Zwängen oder Anreizen, sondern auf Normen, die von Beteiligten internalisiert sind
- Handlungskoordinierung beruht auf diesen Normen, die als gültig anerkannt sind und deren Verletzung durch soziale Diskriminierung oder Ausschluss sanktioniert wird
- Normen entstehen aus Historie der Gemeinschaften (Ergebnis eingeübter Interaktionspraxis und nicht explizter Institutionalisierung)
- Gemeinschaften koordinieren individuelle Handlungen durch Normen und Sanktionsdrohungen (Effektivität der Koordination ist in der Regel hoch)
- Nachteil: Als Governance-Modus schwer zu gestalten und zu verändern (besonders problematisch, wenn sie Personen aus nicht gerechtfertigten Gründen ausschließen oder wenn Macht extrem ungleich verteilt ist)
- Erbringen für Mitglieder wichtige Leistungen, deshalb ist Austritt aus Gemeinschaften meistens mit hohen Kosten verbunden (dadurch erzeugte Stabilität kann als Vorteil von Gemeinschaften gelten, kann aber im Hinblick auf angestrebte Ziele von Governance oder notwendige Reformen problematisch werden)

Governance-Modi

	wichtigster Koordinations-mechanismus	grundlegende Regeln	Machtvertei-lung	Austritts-kosten
Hierarchie	Zwang	Funktionstei-lung; Kompe-tenzen,	ungleich	hoch
Netzwerk	Vertrauen	informell, Kooperation	variabel	hoch
Verhand-lung	Vereinbarung	dialogische Kommunika-tion	formal gleich	gering
Markt	Tausch	Vertragsre-geln	formal gleich	gering
Politischer Wettbe-werb	Anpassung/ Nachahmung	Gewinn des Besten; Fair-ness	ungleich	gering
Gemein-schaft	Gemeinsame Werte und Identität	emergente soziale Nor-men,	ungleich	hoch

Abbildung 1: Governance-Modi (Quelle: Benz, Arthur, 2007: Grundlagen der Governance-Analyse. MA Governance, Modul 1.1, S. 19, Fakultät für Kultur- und Sozialwissenschaften, Fernuni Hagen.)

Mixed modes of governance
- Bei Analyse von Governance steht Zusammenwirken unterschiedlicher Formen und Mechanismen der Koordination und die daraus resultierenden Folgen im Vordergrund

Störungen
- In vielen Kombinationen setzen sie Akteure aber divergierenden Anforderungen aus und lenken Interaktionen in verschiedene Richtungen (Entstehung von Störungen der Koordination)
- Drei Typen von Störungen:
  o Entscheidungen können durch inkompatible Mechanismen verhindert, verzögert oder inhaltlich beeinträchtigt werden (Effektivitätsdefizit)
  o Einander entgegenwirkende Governance-Formen können dazu führen, dass Entscheidungen nicht oder nicht in der erforderlichen Weise vollzogen werden (Implementationsdefizite)
  o Kann an erforderlicher Zustimmung zu Entscheidungen fehlen (Legitimationsdefizite) (trifft insbesondere zu, wenn Entscheidungen zwischen Organisationen ausgehandelt oder koordiniert und dann innerhalb der beteiligten Organisationen ratifiziert oder akzeptiert werden müssen)
- Dilemmasituationen können schon in einfachen Konstellationen kollektiven Handelns entstehen, sind in komplexen Konstellationen infolge des Zusammentreffens von Mechanismen kollektiven Handelns sehr wahrscheinlich

Governance-Dynamik
- Durch Gestaltung von Prozessen können inkompatible Governance-Mechanismen umgangen werden (z.B. Verfahren in Sequenzen einteilen)
- Strukturbezogene Strategien verändern das Governance-Regime, sodass faktisch Arena die Interaktionen und Entscheidungen dominiert oder inkompatible Mechanismen ausgeschaltet werden

- Kombination von Governance-Modi erzeugt Koordinationsprobleme, die bis hin zu Blockaden gehen können (ist aber auch Ursache für hohe Dynamik von Interaktionen, Strukturen und Politikergebnissen)

Endogene Dynamik
- Governance-Formen lassen sich durch "endogene" Dynamik charakterisieren, die besonders in der Institutionentheorie erklärt wird
- Hierarchien werden immer wieder durch Steuerungsverzicht der Leitung oder Verselbständigung der ausführenden Einheiten unterlaufen
- Wettbewerbe verändern kontinuierlich Positionen der Akteure, wobei sie dadurch zum Teil Strukturen verfestigen oder aufbrechen
- Iin Gemeinschaften werden Normen im konkreten Handeln immer neu bestätigt oder auch in Frage gestellt, was mit Verschiebungen von Machtverhältnissen verbunden ist
- Netzwerke sind nur „lose gekoppelt" und unterliegen Veränderungen durch Verdichtung oder Abschwächung von Beziehungen oder den Eintritt oder Austritt von Akteuren

Exogene Dynamik
- Eigendynamik von Governance-Formen kann durch „exogene" Mechanismen ergänzt, modifiziert und überlagert werden, die mit den Kategorien der Governance-Analyse zwar nicht erklärt, aber doch deskriptiv-analytisch erschlossen werden können
- Akteure können bewusst Regeln der Interaktion, die Institutionen, in denen Governance verankert ist, ändern (bestimmte Elemente des Regelsystems erneuern, was zu spezifischen Sequenzen des Wandels führt)
- Institutionen und Interaktionen setzen sich gegenseitig Grenzen der Veränderung, die zur Einschränkung des Wandels auf mehr oder weniger enge Entwicklungspfade führt
- In Prozess des Politiktransfers oder der Diffusion von Innovationen können Veränderungen von außen induziert werden oder auf Eigendynamik einwirken
- Gravierende Funktionsdefizite oder grundlegende Veränderungen in den externen Bedingungen können eine Transformation bestehender Governance-Arrangements erzwingen
- Solche weitreichenden Umbrüche lassen sich vor allem bei komplexen Governance-Formen in Staaten, Regierungssystemen, Märkten und großen Organisationen wie Unternehmen oder Verbänden beobachten (intraorganisatorische Hierarchien, politische Wettbewerbe, Netzwerke, Verhandlungen oder Gemeinschaften verändern sich tendenziell evolutionär)

Hierarchie
- Organisations- oder Verfahrensprinzip, das auf Über- bzw. Unterordnung zwischen Funktionen, Personen oder Organisationen bzw. Organisationselementen beruht
- Anwendungsfeld ist „bürokratische" oder „Amtshierarchie" (feste Zuständigkeiten, klar geregelte Kontroll- und Aufsichtskompetenzen vorgesetzter Behörden oder Dienststellen)

Erscheinungsformen
- Tritt als bereits vorhandener Ordnungsmechanismus auf, der aufgrund stillschweigender Akzeptanz seine Wirkung entfaltet
- Wird auch absichtsvoll als Steuerungsverfahren genutzt, das oft aktiv durchgesetzt werden muss und dadurch Widerstände oder Ausweichverhalten hervorruft

Hierarchie als Governance-Form
- Vor allem Koordinations- oder Steuerungsmechanismus
- Hierarchie als Technik zur Reduktion von Transaktionskosten
- Ort der Hierarchie sind Organisationen (private Unternehmen, staatliche Verwaltungen)
- Vorstellung, dass Hierarchien und Märkte zu hybriden Koordinationsformen verschmelzen können, ist in Diskussion über Funktion von Netzwerken populär geworden und hat damit wichtigen Anknüpfungspunkt für Governance-Debatte geliefert
- Hierarchische Koordination beruht auf wechselseitiger Anpassung zwischen „Auftraggebern" (Principals) und „Auftragnehmern" (Agents) (Gelingen der Handlungskoordinierung hängt von Funktionsteilung, austarierten Verhältnis von Zwängen (Verhaltensregeln, Anweisungen) und Optionen (Anreizen) und emergenten Interaktionsregeln ab

Hierarchie und Demokratie
- Normatives Denkmodell in Deutschland: Hierarchie als zentrales Bauelement staatlicher Exekutive und organisierter Staatlichkeit (hierarchischer Aufbau der Exekutive bildet wesentliche Voraussetzung für Funktionsfähigkeit des Demokratieprinzips)
- Konzept der „ununterbrochenen Legitimationskette" soll sicherstellen, dass sich demokratischer Mehrheitswille zuverlässig in konkretes staatliches Handeln um- bzw. durchsetzen lässt
- Externe Kontrolle der Verwaltung durch Gerichte, Rechnungshöfe oder Öffentlichkeit und durchgehender interner Kontroll- und Steuerungsstrang soll Verwaltung über gesetzliche Vorgaben hinaus an Mehrheitswillen binden

Kontrolle der Verwaltung
- Bild der „Einheitlichkeit der Verwaltung" als Bewertungsmaßstab (Idealbild vom Staat als einheitlicher Willensverband)
- Einheitliche, hierarchisch von oben gesteuerte Verwaltung soll Abschottung gegen externe Einflussnahmen bewirken
- Modell richtet sich gegen „ministerialfreie Räume", mit denen Behörden bzw. Behördenteile bezeichnet werden, die der hierarchischen Aufsicht durch vorgesetzte Dienststelle entzogen sind (Bundesbank, die qua Gesetz unabhängig agieren kann)
- Aktuell Tendenz zu unabhängigen Behörden
- Vor allem das wachsende Feld der staatlichen Markt- und Risikoregulierung begünstigt Herausbildung von Autonomiezonen, da Glaubwürdigkeit regulativer Verwaltungen davon abhängt, wieweit sie zu einer neutralen, das heißt von kurzfristigen politischen Einflüssen isolierten Entscheidungspraxis befähigt sind

Grenzen des Hierarchieprinzips
- Bedeutung von Hierarchie ist durch zunehmende Relativierung gekennzeichnet (Hierarchieverzicht, kooperative und teamförmige Arbeitsstrukturen)
- Akzeptanz dass Wertungs- und Prüfungsentscheidungen frei von hierarchischer Kontrolle erfolgen sollen

- Rückzug hierarchischer Steuerung durch impliziten Verzicht auf Hierarchieverwendung
- Entscheidend beigetragen hat New Public Management (NPM) (betriebswirtschaftlich inspirierte Reformprogrammatik, die auf Steigerung von Effektivität, Bürgerorientierung und Effizienz bzw. Wirtschaftlichkeit in der öffentlichen Verwaltung abzielt)
- Instrumente beruhend auf Wettbewerbssurrogaten, Transparenz und Leistungsmessung soll legalistisch-kameralistische Entscheidungskultur der Verwaltung durch betriebswirtschaftlich orientierte Kosten-Nutzen-Kalküle ablösen
- Zwänge innerhalb der Verwaltung werden weniger im „Befehl-und-Gehorsam"-Duktus kommuniziert, sondern als ökonomische Sachzwänge oder Sanktionen vermittelt
- Verwaltung erhält Legitimation nicht durch geschlossene Legitimationskette sondern durch Leistungsvergleiche (Benchmarking) mit anderen Organisationen (transparente Messung und Beurteilung des Outputs)

Hierarchie im Verhältnis von Staat und Gesellschaft
- Subordinationstheorie: Stuft staatliche Interessen als höherwertig gegenüber gesellschaftlichen Interessen ein („besondere" Interessen der Gesellschaft müssen sich „allgemeinen" Interessen des Staates unterordnen)
- Kooperativer Staat, Beispiel Umweltpolitik: Ausdruck gesellschaftlicher Emanzipationsbestrebungen, brachte erstmals einen breitflächigen gesellschaftlich – und nicht politisch – angetriebenen Prozess des Agendasetting hervor
- Auslöser: Gestiegene gesellschaftliche Partizipationsansprüche haben im Zusammenspiel mit Problemen eines einseitig hierarchischen Gesetzesvollzuges zu einer insgesamt stärker kooperativen Form staatlicher Entscheidungsfindung beigetragen (Hierarchie ist aber nicht aus Verhältnis zwischen Staat und Gesellschaft verschwunden)

Schatten der Hierarchie
- Bewusstsein der Möglichkeit einer hierarchischen Intervention auf Verhandlungen zwischen gesellschaftlichen und staatlichen Akteuren
- Kann einigungfördernde Wirkung besitzen
- Akteure antizipieren, dass sie im Fall der Nichteinigung mit staatlicher Entscheidung rechnen müssen, in der ihre Chancen zur Interessendurchsetzung deutlich sinken
- Prozesse und Strukturen wie Pluralismus oder gesellschaftliche Selbstorganisation können nur funktionieren, wenn Möglichkeit einer einseitig-autoritativen Entscheidung durch staatliche Akteure besteht

Hierarchie und Governance
- Schlussfolgerung: Jeder einzelne Mechanismus ist für sich genommen ‚problematisch', erst durch Kombination mit Elementen der anderen Koordinationsweisen wird Leistungsmaximum erreicht
- Ansatz für Governance-Debatte: Idee der Vermischung verschiedener Koordinationsmechanismen weiter diskutieren, aber keine Beschränkung auf hierarchiefreie Varianten

Fazit
- Bedeutungswandel zwischen Makro- und Mikrodimension
- Koordination durch Hierarchie nicht nur auf „Schattenfunktion" begrenzen, der nur bei Versagen anderer koordinationsformen greift, sondern auch Vorstellung von leistungsteigernder Vermischung von Hierarchie, Markt und Gemeinschaft einbeziehen
- Enthierarchisierung primär in Makrodimension des Verhältnisses zwischen Staat und Gesellschaft
- In Mikrodimension bleiben hierarchische Struktur- und Verfahrenselemente auch zukünftig bedeutsam, selbst wenn sie weniger explizit und seltener in Reinform auftreten

Netzwerke

- Policy-Netzwerke: Veränderte politische Entscheidungsstrukturen, die mit zunehmender Bedeutung von Organisationen sowie Fragmentierung von Macht einhergehen
- Relevant sind öffentliche und private Akteure (Grenzen zwischen Staat und Gesellschaft verwischen)
- Netzwerke: Menge von Akteuren, die über eine Menge von Beziehungen mit einem bestimmbaren Inhalt verbunden sind
- In Policy-Netzwerken dominieren korporative Akteure (Verbände, Ministerien, Parteien)
- Akteure, die über eine bestimmte Position in Netzwerken verfügen, profitieren davon, da sie dadurch ihren Einfluss auf den Ausgang der Entscheidung erhöhen können

Markt und Tausch

- Governance-Mechanismus auf Märkten ist Preis (Koordination der Aktivitäten) (zwischen anonymen Akteuren werden spezifizierte Leistungen getauscht, wegen Einheitlichkeit der Güter ist nur Preis für das Zustandekommen einer Transaktion ausschlaggebend)
- Rechtliche Grundlage: Klassische Verträge, in denen Bedingungen der Leistungserfüllung eindeutig geregelt sind
- Nachteil: Märkte sind nicht geeignet, einzelne Aktivitäten der Marktteilnehmer auf ein gemeinsames übergeordnetes Ziel abzustimmen

Vorteil von Hierarchie

- Im Gegensatz zu Märkten bestehen in Hierarchien dauerhafte Beziehungen zwischen Transaktionspartnern (geschaffene Ordnungen, die als korporative Akteure ein übergeordnetes Ziel verfolgen)
- Hierarchien besser geeignet bei komplexen, langfristigen Transaktionen, bei denen im Zuge der Leistungserfüllung großer gegenseitiger Anpassungsbedarf und hohe Unsicherheit bestehen, Leistungen der Tauschpartner schwer zu spezifizieren und hohe spezifische Investitionen erforderlich sind)

Vorteil von Netzwerken

- Netzwerke geeignet wenn Leistungen einer großen Zahl von Tauschpartnern im Hinblick auf ein gemeinsames Ziel koordiniert werden und dabei gleichzeitig die negativen Folgen einer hierarchischen Lösung in Form von Informationsüberlastung und opportunistischem Verhalten vermieden werden sollen
- Für Transaktionen mit mittlerer Unsicherheit und gegenseitigem Anpassungsbedarf sowie mittlere Spezifität der Investitionen geeignet
- Netzwerke ermöglichen größere Marktnähe, da sie schneller auf Veränderungen von Käuferpräferenzen reagieren können als Hierarchien
- Netzwerke haben bei wiederkehrenden Transaktionen einen Vorteil gegenüber dem Markt, weil sie durch Lernprozesse sowie Herausbildung von Verhaltenserwartungen eine multilaterale Abstimmung ermöglichen (Koordinationsproblem besser lösen)
- **Netzwerke haben relativ hohe autonome und relativ hohe multilaterale Anpassungsfähigkeit**

Idealtypen – Markt, Netzwerk und Hierarchie (kommen nie in Reinform vor)

Markt	Netzwerk	Hierarchie
Beziehungen ausschließlich transaktionsbezogen	Beziehungen nicht nur transaktionsbezogen	Beziehungen ausschließlich transaktionsbezogen
Inhalt: Geld, Dienstleistungen, Güter	**Inhalt: Beliebig, z.B. Geld, Freundschaft**	Inhalt: Geld, Arbeit
flüchtig, kurze Dauer	längerfristig	langfristig
Governance-Mechanismus: **Preise**	Governance-Mechanismus: Vertrauen	Governance-Mechanismus: Weisungen

Abbildung 2: Idealtypen – Markt, Netzwerk und Hierarchie (Quelle: Benz, Arthur, 2007: Grundlagen der Governance-Analyse. MA Governance, Modul 1.1, S. 41, Fakultät für Kultur- und Sozialwissenschaften, Fernuni Hagen.)

Merkmal Vertrauen
- Governance-Mechanismus in Netzwerken: Vertrauensvolle Kooperation bezeichnet werden
- „Structural embedded action": Vertrauen entsteht durch Einbettung in multiple Beziehungen
- Beziehungsarten zwischen Partnern und Erfahrungen aus vergangenen Transaktionen (gemeinsame Tauschhistorie) sind ausschlaggebend (nicht unmittelbar an Transaktion gebunden) (beides spielt bei Markt und Hierarchie keine Rolle)
- Soziales Kapital ist für Gover-nance von und durch Netzwerke relevant, weil für Herausbildung von Vertrauen besonders förderlich

Netzwerkeffekte im Markt
- Es gibt Zusammenhang zwischen Dauer der Beziehungen und Preisen (langjährige Geschäftsbeziehungen führen zu niedrigeren Preisen)
- Selbst in eher marktlichen Governance-Formen beeinflusst Netzwerkeinbettung den zentralen Governance-Mechanismus auf Märkten (Preis)

Netzwerkeffekte in Hierarchien
- Beispiel: Zentralität organisatorischer Einheiten in Netzwerken hat Einfluss auf Versorgung mit Information und somit auf Lösung des Informationsproblems
- Formale Entscheidungsmacht der Zentrale ist zwar nach wie vor relevant, weltweit verstreuten organisatorischen Einheiten verfügen jedoch aufgrund ihres Wissens und ihrer Unterstützungsleistung über eigene, bedeutende Ressourcen

Netzwerke in Interorganisationsbeziehungen
- Netzwerkeffekte auch in Policy-Netzwerken, in denen Interessengruppen Einfluss auf politische Entscheider ausüben

Ursachen und Wirkungen von Netzwerkeffekten

Relationaler Effekt
- Resultiert aus direkten dyadischen Beziehung zwischen zwei Akteuren
- Tauschbeziehungen verdichten sich im Zuge wiederholter Transaktionen und führen zu Verhaltenserwartungen und Vertrauen zwischen Tauschpartnern
- Relationaler Effekt der Einbettung trägt zur Lösung des Motivationsproblems bei, indem opportunistisches Verhalten verhindert wird

Struktureller Effekt
- Resultiert aus Gesamtheit der Beziehungen und hat indirekten Einfluss auf das Handeln
- Qualität von Information wird in eingebetteten Tauschbeziehungen erhöht
    o Präzisere Abstimmung von Informationserfordernisse der Transaktionspartner
    o Höhere Zuverlässigkeit der Glaubwürdigkeit der Information
- Einbettung in Netzwerke führt zu effizienterer Informationsverarbeitung, da qualitativ hochwertige Informationen schnell fließen können

Nachteile
- Hohe Netzwerkdichte kann zu „overembeddedness" führen
- Es wird zwar intern viel Information getauscht und multilaterale Anpassung vollzogen, autonome Anpassung an externe Umweltanforderungen findet jedoch unvollständig und zögerlich statt, da neue Informationen nur schwer in das Netzwerk aufgenommen werden können

Soziales Kapital
- Begriff wird vieldeutig verwendet wegen Vermischung von drei Ebenen

1. Besitzer
- Soziales Kapital können Individuen, kollektive Akteure oder Gesellschaften besitzen
- Aus Governance-Perspektive ist kollektive Ressource interessant

2. Ursachen
- Ursachen sind von Sozialen Kapitals als kollektiver Ressource sind starke Beziehungen („strong ties") (intensive, familiäre oder freundschaftliche Beziehungen)
- Schaffen Solidarität und Vertrauen
- Soziales Kapital als kollektive Ressource entsteht durch „strong ties" zwischen Akteuren und durch hohe „network closure"

3. Folgen
- Effekte Sozialen Kapitals sind Entstehung von Vertrauen, gegenseitige Verhaltenserwartungen, bessere Qualität und besserer Zugang zu Informationen

Fazit
- Idealtypen sind für Analyse von empirisch beobachtbaren Governance-Formen nur bedingt tauglich, da sie in Realität so nicht vorkommen und die strukturelle Einbettung auch in markt- und hierarchieähnlichen Formen die Governance beeinflusst
- Bezogen auf die für die Governance zentralen Probleme, besteht die Wirkung im Entstehen von Vertrauen, Normen, Verhaltenserwartungen sowie dem Zugang zu hochwertigen und zuverlässigen Informationen
- Netzwerkeffekte können daher sowohl das Koordinations- und Informationsproblem als auch das Motivationsproblem verringern

Verhandlungen
- Modus von sozialer Interaktion zwischen gleichberechtigten Akteuren, die im direkten Austausch von Forderungen, Angeboten und Argumenten eine gemeinsame Entscheidung anstreben
- In vielen Bereichen von Gesellschaft, Wirtschaft und Politik eine zentrale Bedeutung
- Verhandlung sind grundlegende Form kollektiven Handelns
  o Wird oft in hierarchischen Organisationen oder in Netzwerken praktiziert wird
  o kommt im Markt vor, wenn Akteure komplexere Tauschverträge schließen
  o in anderen Wettbewerbsverfahren zur Festlegung von Regeln, Maßstäben des Vergleichs oder Entscheidungen über Bewertungskonflikte erforderlich

Verhandlungstheorien
- Thema sind Konfliktsituationen, die die Aufteilung von Nutzen oder Kosten zwischen Akteuren betreffen oder die sich entsprechend interpretieren lassen
- Annahme: Rationale Akteure wollen ihren Nutzen maximieren
- Ziel: Regel definieren, mit der eine stabile Konfliktlösung gefunden werden kann (Lösung, die alle Beteiligten akzeptieren)
- Lösung muss
  o pareto-optimal sein
  o unabhängig von äquivalenten Skalierungen der Nutzenfunktion gelten
  o darf nur vom Nutzen des Status quo und dem Nutzen der Verhandlungslösung abhängen und durch irrelevante Alternativen nicht beeinflusst werden
  o muss symmetrisch sein (unabhängig von spezifischen Fähigkeiten der Akteure wie etwa ihrem Verhandlungsgeschick)
- **Verhandlungsergebnis lässt sich durch zwei Variablen bestimmen:**
  o Durch den „Drohpunkt" („default condition") (Ergebnis, das beim Abbruch von Verhandlungen zustande kommt (unkoordiniertes Handeln oder Status quo)
  o Den durch Verhandeln erzielbaren individuellen Nutzen

Normen
- In Verhandlungen spielen Normen der distributiven Gerechtigkeit und der Fairness eine wichtige Rolle
- Verhandlungsteilnehmer müssen ihre Forderungen begründen, und Begründungen werden nur anerkannt, wenn sie aus allgemeinen Werten oder Normen ableitbar sind

Gruppenbindungen
- Akteure, die strengen Kontrollen durch eine Gruppe unterworfen sind, verhandeln härter und sind eher kompetitiv orientiert, weil sie dadurch ihrer Gruppe signalisieren, dass sie deren Interessen wirksam vertreten

Politikwissenschaftliche Verhandlungstheorien
- In Erforschung internationaler Politik wurden Staaten als rationale, nutzenmaximierende Akteure behandelt, die zwar Verhandlungslösung anstreben, aber gleichzeitig ihre eigenen Ziele unter Einsatz von Taktiken und Drohungen verfolgen
- In politischen Verhandlungen müssen zwar Forderungen begründet werden, Akteure greifen aber auch zu „power arguments"

Normative Theorien
- „Harvard-Konzept": Empfiehlt Orientierung an Interessen statt an Positionen
- • Vorschlag, Vermittler (Mediation) oder Schiedsrichter (Arbitration) zu beteiligen

Verhandlungsbereitschaft
- Entweder durch Institutionalisierung oder übergeordnete Instanz erzwungen, oder kommen grundsätzlich nur zustande, wenn Akteure erwarten, dass sie durch eine

Vereinbarung mit anderen ein besseres Ergebnis erzielen können als bei unkoordiniertem Handeln

Drohpunkt
- Verhandlungsbereitschaft der Akteure liegt an der strategischen Bedeutung des Drohpunktes
- Macht beruht in Verhandlungen auf Fähigkeit, glaubwürdig mit dem Abbruch zu drohen
- Beispiele: Beziehungen zwischen feindlichen oder zerstrittenen Staaten, Tarifauseinandersetzungen belegen, dass Verhandlungen schwierig in Gang zu bringen sind, wenn die Fronten verhärtet sind und es zu Streiks kommt

Dilemmasituation
- Fronten verhärtet, Streik droht
- Jeder Akteur geht davon aus, dass er seine Position in Verhandlungen verbessern kann, indem er nicht als Erster Verhandlungsbereitschaft zeigt (Entstehung von Verhandlungsprozessen ist blockiert)
- Wer zuerst kooperationsbereit handelt läuft Gefahr, dass dieses Verhalten von anderen ausgebeutet wird, indem diese auf ihren Positionen beharren, um höhere Tauschangebote oder Konzessionen zu erreichen

Verhandlungsmechanismus
- Keiner der Akteure kann ein Verhalten anderer Akteure direkt erzwingen, jeder kann aber eine Einigung verhindern und durch Drohung mit dem Abbruch von Verhandlungen indirekt auf das Verhalten der Verhandlungspartner Macht ausüben

Verhandlungsmodi
„Bargaining"
- Akteure einigen sich entweder durch Tauschgeschäfte in Form von Paketlösungen oder Ausgleichszahlungen, wobei jeder Partner seine Position in der ihm besonders wichtigen Angelegenheit durchsetzen kann (positionsorientiertes Verhandeln)
- Kommen durch schrittweise Annäherung ihrer Positionen zu einem Kompromiss (kompromissorientiertes Verhandeln)

„Arguing"
- Akteure versuchen durch rationale Argumente wechselseitig zu überzeugen
- Handeln „verständigungsorientiert"
- Modus ermöglicht Verteilungskonflikte durch Rekurs auf Normen der distributiven Gerechtigkeit zu lösen

In realen Verhandlungen geschieht in der Regel eine Kombination dieser Modi des Verhandelns, die je nach Gegenstand, institutioneller Einbindung der Akteure und nach Phasen des Prozesses variiert
Dynamik des Verhandlungsprozesses
- Je länger Verhandlungen dauern, desto höher wird Druck auf Akteure, neue Gesichtspunkte ins Spiel zu bringen, um Änderungen zu erreichen
- Kosten einer Nichteinigung steigen

Regressive Entwicklung
- Positionen verfestigen sich, Einigung nur durch entsprechenden Ressourceneinsatz für Tauschgeschäfte oder durch Kompromisse möglich
- Tritt ein, wenn Einigung über Grundsätze erzielt worden ist, dann aber Details ausgehandelt werden müssen

Eigendynamik des Verhandlungsprozesses

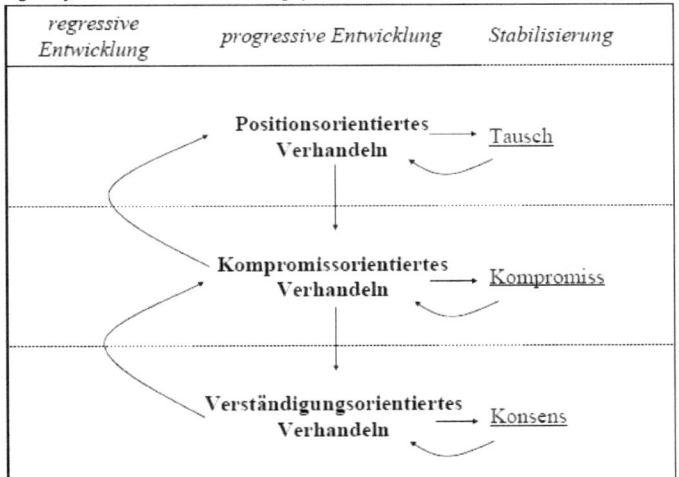

Abbildung 3: Eigendynamik des Verhandlungsprozesses (Quelle: Benz, Arthur, 2007: Grundlagen der Governance-Analyse. MA Governance, Modul 1.1, S. 58, Fakultät für Kultur- und Sozialwissenschaften, Fernuni Hagen.)

Verhandlungsstrukturen
- Verhandlungsmechanismus beruht auf Dialog von Akteuren, die „mixed motive game" spielen:
  - o Können von einer Einigung profitieren, und in der Regel erreichen sie eine bessere Lösung, wenn sie sich auf den Modus der Verständigung einlassen
  - o Verfolgen gleichzeitig ihre individuellen Interessen, deswegen kann Einigung scheitern oder nur als Tauschgeschäft oder Kompromiss gelingen
- Art des Verhandlungsverlaufs und Chancen einer Einigung hängen nicht nur vom Willen der beteiligten Akteure ab, sondern auch von Verhandlungsstrukturen, die sich nach
  - o (a) Zahl der Beteiligten
  - o (b) Regeln über die „default condition"
  - o © Entscheidungsregel
  - o (d) Grad der Öffentlichkeit
  - o (e) Arenendifferenzierung unterscheiden lassen

(a) Zahl der Beteiligten
- Grundsätzlich ist Einigung umso schwerer, je mehr Akteure an Verhandlungen beteiligt sind (Konfliktdimensionen nehmen zu, Kommunikation wird aufwendiger
- Lösung nur möglich, wenn multilaterale Verhandlungslösungen durch Tausch oder Kompromiss zustande kommen oder wenn sich Gruppen von Akteuren zu Koalitionen zusammenschließen
- Multilaterale Verhandlungen können auch zum Erfolg führen, wenn Akteure verständigungsorientiert verhandeln und Konsens erreichen (Konsens kann aber durch Bargaining-Strategien einzelner Akteure leicht gefährdet werden)
- Negative Koordination: In multilateralen Verhandlungen werden Entscheidungen, die viele Akteure betreffen, oft in einer Sequenz von bilateralen Verhandlungen getroffen
- Negative Koordination erhöht Chance auf Entscheidung, aber lässt grundsätzlich nur geringe Veränderungen des Status quo zu

(b) Regeln über die „default condition"
- Institutionelle Strukturen von Verhandlungen haben Einfluss auf Drohpunkt der Akteure bzw. auf „default condition" (Folgen eines Scheiterns)
- Im Fall des Scheiterns können alle Akteure entweder autonome Entscheidungen treffen oder auf andere Koordinationsmechanismen wie Hierarchie oder Konkurrenz zurückgreifen
- Unsicherheiten über unkoordinierte oder kompetitive Entscheidungen oder Intervention einer externen Instanz erhöhen Einigungsbereitschaft
- Ausnahme „Zwangsverhandlungen": Akteure können nur gemeinsam entscheiden, einseitiges Handeln ist nicht zugelassen
- Zwangsverhandlungen erhöhen Gefahr von Blockaden kollektiven Handelns (Akteure unterliegen hohem Einigungsdruck, macht Kompromisslösungen auf dem kleinsten gemeinsamen Nenner oder Tauschgeschäfte mit hohen Kosten wahrscheinlich)

(c) Entscheidungsregel
- Einstimmigkeitsregel: Jeder Verhandlungspartner verfügt über Vetorecht
- Mehrheitsentscheidungen: Akteure, die im Verhandlungsverlauf in Minderheitsposition geraten, werden zu Konzessionen gezwungen (Möglichkeit von Mehrheitsentscheidungen wirkt wie „Schatten der Hierarchie", fördert kooperative Interaktionsorientierungen, die bei kalkulierbaren Ergebnissen der Abstimmung die Minderheit zu Konzessionen zwingen, bei unsicheren Mehrheitsverhältnissen hingegen alle Akteure)

(d) Grad der Öffentlichkeit
- Vorteil: Öffentlichkeit bringt Akteure dazu, ihre Forderungen durch Argumente zu begründen, anstatt egozentrisch Forderungen zu stellen
- Nachteil: Verhandlungspartner können durch Öffentlichkeit zu Beharren auf Positionen motiviert werden (Reputation als durchsetzungsfähige Persönlichkeiten)

(e) Arenendifferenzierung
- Komplexe Materien werden in Verhandlungen oft untergliedert und dann in getrennten Verhandlungsarenen behandelt
- Typisch für Verhandlungen zwischen Staaten oder Gebietskörperschaften (Regierungschefs handeln erst Rahmenvereinbarungen aus, die dann in Verhandlungen von Fachministern oder Experten der Ministerialverwaltungen weiter ausgefüllt werden)
- Vorteil: Kann zur Reduktion von Konflikten und Entscheidungskomplexität beitragen, Verlagerung von Verhandlungen zwischen Arenen ist strategische Option, um drohende Blockaden zu verhindern oder festgefahrene Verhandlungssituationen aufzubrechen

Verhandlungen durch Vertreter
- Verhandlungen betreffen meist nicht nur individuelle Belange, sondern solche von Gruppen oder Organisationen (Verbänden Verwaltungsbehörden, Gebietskörperschaften, Staaten, internationalen Organisationen) → Akteure verhandeln als Vertreter für andere
- Vertreter interagieren in zwei Kontexten mit eigener Dynamik:
  o In Verhandlungen müssen sie sich, um Chancen auf Einigung zu wahren, auf den jeweiligen Modus des Verhandelns einlassen (können nicht ursprüngliche Position verteidigen, sondern müssen zu Kompensationen, Konzessionen oder zur Anpassung von Präferenzen bereit sein)
  o Eigene Gruppe oder Organisation erwartet dass sie deren Interessen möglichst weitgehend durchsetzen (Vertreter werden damit zu egozentrischen oder kompetitiven Orientierung gedrängt)
- **Vertreter handeln damit in einer Interaktionskonstellation, die widersprüchliche Erwartungen impliziert**

- Intensität des Widerspruchs und Handlungsspielräume, ihn zu lösen, hängen mit Mandat von Vertretern zusammen
  o Delegierte mit gebundenen Mandaten, Einfluss der vertretenen Gruppe oder Organisation dominiert, Vertreter verfügen über geringe Spielräume und können sich kaum anders als positionsorientiert verhalten
  o Repräsentanten müssen sich für Verhandlungsergebnisse rechtfertigen; es bleibt aber ihnen überlassen, wie sie diese Ergebnisse erreichen (verbessert Chancen auf Einigung und lässt auch verständigungsorientiertes Verhandeln zu)

Dilemma: Taktische Spiele von Vertretern
- Rollen von Vertretern sind nicht genau definiert, Vertreter können taktische „Selbstverpflichtungen" eingehen (z.B. in Verhandlungen vorgeben, durch gebundenes Mandat keine Möglichkeiten für Konzessionen zu haben, was, soll Verhandlungspartner zum Nachgeben bewegen. Oder gegenüber Gruppe oder Organisation behaupten, dass Spielraum für Einigung gering gewesen sei)
- Taktisches Spiel kann Chance für Verhandlungslösung erhöhen, Nachteil: Vertreter gewinnen an Macht, Verhalten kann nur schwer kontrolliert werden
- Dilemma: Entscheidungseffektivität auf Kosten demokratischer Legitimation

Verhandlungen in Governance-Regimen
Verhandlungen in Netzwerken
- Netzwerke bilden Grundlage relativ dauerhafter Interaktion auf Basis von Vertrauen
- Akteure, die sich kennen und einander vertrauen, tendieren eher zu kooperativen Orientierungen

Verhandlungen in hierarchischen Organisationen
- Verhandlungen unterliegen Bedingung, dass übergeordnete Instanz Entscheidung an sich zieht, wenn sich Verhandlungspartner nicht einigen können
- Verhandlungen verlaufen in einer differenzierten Struktur hierarchisch angeordneter Verhandlungsarenen, wobei die jeweils höherrangige Ebene nur die Konflikte behandelt, die in Verhandlungen der unteren Ebene nicht gelöst werden konnten

Verhandlungen im Wettbewerb
- Schwieriger sind Verhandlungen zwischen Akteuren, die gleichzeitig in Konkurrenz zueinander stehen
- Gefahr: Kompetitiven Interaktionsorientierungen, die Wettbewerb antreiben, bestimmen auch das Verhandlungsverhalten
- Folge: Blockaden sind wahrscheinlich, bestenfalls positionsorientierte Verhandlungen

Politischer Wettbewerb
- Form sozialer Interaktion zwischen unabhängigen Akteuren, die neben individuellen Interessen bewusst oder unbewusst ein gemeinsames Ziel anstreben
- Sozialer Mechanismus, der aus Interessengegensätzen koordiniertes Handeln generiert

Beruht auf folgenden Elementen:
1. Koordination durch Wettbewerb
- Alle Akteure konkurrieren um Verwirklichung des gleichen Ziels oder Gutes
- Akteure sind durch kompetitive Orientierungen an dem Ziel bzw. Gut geleitet, die ihr Handeln trotz divergenter individueller Interessen in die gleiche Richtung lenken

2. Handeln der Akteure wird durch Anreize gesteuert
- Interaktionen im Wettbewerb haben soziale Dimension, weil Konkurrenten Handlungen bzw. Erfolge anderer berücksichtigen und darauf reagieren
- Mechanismus des Marktes muss als Verbindung vieler Wettbewerbe auf der Anbieter- und Nachfragerseite betrachtet werden
- Im politischen Wettbewerb leitet Aussicht auf Macht, Zustimmung oder Ressourcengewinne die Akteure

3. Über Vergleichsmaßstäbe und Bewertung urteilen Akteure mit erforderlicher Definitionsmacht
- Im Markt müssen sich Produzenten von Gütern an Bewertungen der Nachfrager orientieren
- Regierungen und Verwaltungen der Gebietskörperschaften können durch Experten bewertet werden (wirksam sind aber Bewertungen, die Bürger bei Wahlen und Abstimmungen oder Akteure mit Exit-Optionen (etwa mobile Steuerzahler) treffen)

4. Wechselseitige Anpassung
- Koordination der individuellen Handlungen erfolgt im Wettbewerb durch wechselseitige Anpassung (keine Kommunikation, Beobachtung ist ausreichend)

5. Ergebnisoffenheit
- Ergebnis des Wettbewerbs kann nicht vorhergesagt werden (Verwirklichung der Ziele hängt von den durch Konkurrenz stimulierten Anstrengungen der Beteiligten ab)
- Gegenstand des Wettbewerbs bestimmt Richtung, in die Verhalten der Akteure gelenkt wird; Ergebnis ist offen

6. Wettbewerbe erzeugen einen doppelten Koordinationseffekt
- Bewirken, dass Akteure ihr Handeln durch wechselseitige Anpassung auf ein Ziel hin lenken und individuelle Leistung entsprechend steigern
- Wettbewerbe enden mit Entdeckung und Selektion von Ergebnissen, die für konkrete Interaktionssituation als „optimal" gelten, weil kein Akteur eine bessere Alternative bieten kann („Pareto-Optimum")
- Wettbewerbe können auch negative soziale Folgen zeitgen, wenn Leistungssteigerung hinsichtlich eines Guts oder Ziels zur Vernachlässigung anderer Belange führt

7. Regeln des Wettbewerbs
- Damit Wettbewerb als Koordinationsmechanismus funktioniert, muss er geregelt werden
- Erfordert minimale Institutionalisierung (gesetzte oder faktisch anerkannte Regeln)
- Müssen ein Mindestmaß an Chancengleichheit gewährleisten, da ansonsten Ergebnis vorgegeben oder stark präformiert ist, also keine besten Lösungen selektiert werden

Besonderheit
- In politischen Wettbewerben geht es um Koordinierung von Handlungen im Hinblick auf Erreichung gesellschaftlicher Werte oder kollektiver Güter bzw. Leistungen
- Besonderheit: Vergleichende Bewertungen sind immer begründungspflichtig

Formen des politischen Wettbewerbs

	Gegenstand	*Konkurrieren-de Akteure*	*Bewertende Instanz*	*Akteurs-konstellation*	*Interessen-konstellation*
Wettbewerb um Ämter, Parteien-wettbewerb	Wählerstim-men/ Äm-ter/Macht	Politiker Parteien	Wählerschaft	oligopolistisch	Nullsummen-spiel
Steuerwett-bewerb, Re-gulierungs-wettbewerb	Einnahme Produktnor-men	Gebietskör-perschaften, Staaten	mobile Steuerzahler	pluralistisch	tendenziell Nullsummen-spiel
Anbieter-wettbewerb	Aufträge	Unternehmen	Auswahl-ausschuss	oligopolistisch oder pluralistisch	Nullsummen-spiel
Leistungs-wettbewerb	Zustimmung	Körperschaf-ten, Behörden	Parlamente, Wählerschaft	pluralistisch	Positivsum-menspiel
System-wettbewerb	Zustimmung/ wirtschaftli-cher Erfolg	Staaten, Staa-tensysteme	mobile Unter-nehmen, Bür-gerschaft	oligopolistisch	in der Regel Positivsum-menspiel

Abbildung 4: Formen des politischen Wettbewerbs (Quelle: Benz, Arthur, 2007: Grundlagen der Governance-Analyse. MA Governance, Modul 1.1, S. 69, Fakultät für Kultur- und Sozialwissenschaften, Fernuni Hagen.)

Wettbewerb um Ämter, Parteienwettbewerb
- Wettbewerb um Ämter erweist ist fundamentaler Governance-Mechanismus einer repräsentativen Demokratie, durch den Handlungen der Repräsentanten in einer dem Willen des „Volkes" entsprechenden Weise gesteuert werden

Unterschied zum Markt
- In der Politik gibt es (anders als im Markt) keine direkten Transaktionen zwischen Anbietern und Nachfragern, die jeweils untereinander konkurrieren
- Wettbewerb um Ämter, der in Wahlen stattfindet, funktioniert eher nach Modell eines Schönheits- oder Musikwettbewerbs
- Anders als im Markt (Preis ist entscheidende Bezugsgröße) bildet sich im demokratischen Wettbewerb keine Maßeinheit für die vergleichende Bewertung der Angebote durch Nachfrager
- Maßstäbe des Vergleichs und ihre Anwendung im Ämter- und Parteienwettbewerb sind Resultat politischer Prozesse
- In Parteiendemokratien richten sich Politikangebote nicht ausschließlich nach Nachfrage, sondern resultieren auch aus Willensbildung in Parteien und historisch vorgeprägten Strukturen der Parteiensysteme, die sich in der Regel nur langsam anpassen

17

- Politischer Wettbewerb: Wettbewerb, in dem Personen oder Parteien versuchen, durch Politikangebote Zustimmung bei möglichst großen Teilen der Wählerschaft zu gewinnen, deren Präferenzen unbekannt, unsicher oder beeinflussbar sind
- In homogener Gesellschaft besteht Tendenz zur Angleichung von Programmen, dennoch zwingen kompetitiven Orientierungen Politiker oder Parteien, sich von anderen zu unterscheiden
- Widersprüchlichkeit im Verhalten von Parteipolitikern fällt besonders in sogenannten Konsensdemokratien auf, in denen historisch oder institutionell bedingte Pluralisierung des Parteienwettbewerbs zu Koalitionsbildungen zwingt und Parteien zugleich kompetitiv und kooperationsbereit agieren müssen

Leistungen und Grenzen
- Eigentliche Koordinationsleistung des Parteienwettbewerbs liegt in Transformation von Wählerentscheidungen in Entscheidungen über Besetzung der Legislative und über Regierungsbildung

Grundsätzlich sorgt er aber dafür, dass Politikentscheidungen der Regierung und der Parlamentsmehrheit dem Willen der Mehrheit der Bürgerschaft entsprechen und somit als legitim gelten können

Steuerwettbewerb
- Moderne Staaten verfügen über Kompetenz, Einnahmen durch Zwangsabgaben in Form von Steuern zu beschaffen
- Gefahr: Steuerexpansion wegen Eigeninteressen von Politikern und Bürokratien
- Alternative: Steuerwettbewerb zwischen Gebietskörperschaften oder Staaten (Konkurrenz soll sich dabei auf aktuelle wie potenzielle Steuerzahler richten)
- Mobile Steuerzahler können sich durch Abwanderung entziehen und durch Zuwanderung Regierungen belohnen, die in Relation zum Angebot an öffentlichen Leistungen geringere Steuern verlangen

<u>Funktion des Steuerwettbewerbs</u>
- Steuerwettbewerb funktioniert nur unter Bedingung hoher Mobilität der Steuerzahler
- Beispiel: Große Unternehmen können Kommunen durch Wegzug in schwerwiegende Finanzkrisen stürzen, verfügen über erhebliche Drohpotenziale
- Steuerwettbewerb veranlasst Politiker, sich weniger an Wünschen ihrer Bürgerschaft zu orientieren als vielmehr an Präferenzen mobiler und leistungsfähiger Steuerzahler
- In der globalen Konkurrenz zeichnet sich ab, dass Unternehmenssteuern dem Wettbewerb unterliegen und daher tendenziell sinken (Spitzenverdiener und Kapitalbesitzer werden entlastet, weil sie Einkünfte auf den globalen Finanzmärkten leicht der Besteuerung entziehen können)
- Einkommensteuern und Sozialabgaben betreffen hingegen Personen, die keine hohe Mobilität zeigen, weshalb sie nicht in gleichem Maße im internationalen Wettbewerb angepasst werden.

Regulierungswettbewerb
- Produktionsregulierung: Setzt am lokalen Standort an, betrifft immobilen Aspekte von Wirtschaft
- Produktregulierung: Erfasst auf Märkten handelbare und damit mobile Güter (Konkurrenz der Staaten oder Gebietskörperschaften um leistungsfähige Wirtschaft setzt der Regulierung Grenzen, schränkt staatliche Eingriffe in Wirtschaft ein und fördert Freiheit des Marktes, unterminiert aber Fähigkeit der Politik, Marktversagen zu korrigieren)

Anbieterwettbewerb
- Kollektivgüter, die nicht im Markt bereitgestellt werden können, werden traditionell von staatlichen oder kommunalen Gebietskörperschaften produziert und verteilt
- Vielfach bedienen sich zuständige Verwaltungen privater Unternehmen, die Aufgaben in Teilen oder insgesamt erfüllen

- Beispiele: Nahverkehr, Abfall- und Abwasserentsorgung

Public services industries
- Bei öffentlichen Gütern werden Bedarfsbestimmung und Leistungserstellung institutionell getrennt
- Parlamente oder Regierungen von Gebietskörperschaften definieren als Vertreter ihrer Bürgerschaft Leistungen, die sie bei konkurrierenden Anbietern nachfragen
- In der Tendenz sind Anbieterwettbewerbe oligopolistisch (tendenziell Nullsummenspiele, weil wenigen Konkurrenten keinen kontinuierlichen Anreizen zur Leistungsverbesserung unterliegen)
- Gefahr: Bei vorgegebenen Leistungsbeschreibungen bestimmen nur Kosten die Entscheidung, Anbieter werden zu Unterbietungswettlauf veranlasst

Leistungswettbewerb (Qualität der Politikergebnisse)
- Gegenstand: Verfahren, in denen Politikergebnisse verglichen werden (nicht zugesicherte oder erwartete, sondern realisierte Leistungen)
- Vergleichende Bewertung von Politik erfolgt nicht durch mobile Akteure, sondern in letzter Instanz durch Bürgerschaft oder ihre gewählten Vertreter

Funktionsweise
- Ziel: Verbesserung der Qualität von Politik oder Verwaltungen
- Gemessen und verglichen wird Zielerreichung durch politisch definierte Qualitätsindikatoren
- Die für Aufgaben zuständigen Institutionen wollen Anerkennung für ihre Leistungen erreichen

Schwierigkeiten
Organisation des Wettbewerbs
- Leistungswettbewerbe entstehen nicht automatisch, weil sie nicht durch Abwanderungsdrohungen von außen induziert werden
- Sie müssen durch externe Instanz organisiert werden
- Beispiel: Regionenwettbewerbe, die auf Förderung innovativer Prozesse oder nachhaltiger Entwicklung zielen, werden durch EU oder Bundesministerien organisiert

Bewertung
- Bewertungsmaßstäbe liegen in der Regel nicht auf der Hand, und Bewertungen erfordern oft aufwendige Evaluierungen

Divergierende Erwartungen
- Die im Wettbewerb angelegten Bewertungsmaßstäbe und Erwartungen der Vorgesetzten, Mitglieder oder Wähler können auseinandergehen
- Wirkung des Leistungswettbewerbs zwischen Organisationen oder Körperschaften kann dann durch Interaktionsmechanismen innerhalb der Organisationen unterlaufen oder geschwächt werden

Koordinierende Wirkung von Leistungswettbewerben
- • Wird begünstigt, wenn sie nicht auf Ressourcenverteilung, sondern auf Zustimmung zielen und in kontinuierlichen Prozess übergeleitet werden
- Gewinner nehmen Verlierern weder Chancen noch Ressourcen weg, sondern gehen als Vorbilder aus dem Vergleich hervor, denen andere Akteure oder Organisationen nacheifern (Folge: Innovationsgenerierung und Diffusion von Innovationen)
- Leistungswettbewerbe motivieren Akteure zum ständigen Experimentieren und Lernen und fördern damit die Suche nach besten Lösungen (wird im Parteienwettbewerb durch

Legislaturperioden, im Anbieterwettbewerb durch Vertragslaufzeiten und im Steuer- und Regulierungswettbewerb durch Mobilitätshemmnisse behindert)

Systemwettbewerb
- Sonderform des Leistungswettbewerbs
- Gegenstand: Politikerfolg, der mit Qualitätsindikatoren gemessen wird
- Leistungswettbewerb: Soll Ergebnisse von Politik in Organisationen verbessern
- Systemwettbewerb: Vergleich und Transformation von institutionellen Strukturen
- Kann auf allen Ebenen der Politik stattfinden (bedeutsam vor allem im internationalen Kontext, wo er zwischen Staaten und Staatensystemen stattfindet)
- Gegenstand im internationalen Umfeld: Regierungssystem oder Wirtschaftsordnung

Probleme von Systemwettbewerb
- Komplexe Zusammenhänge werden radikal vereinfacht
- Konkurrenz wird oft auf Nebenschauplätze verlagert
- Als Mechanismus der kurzfristigen Politikkoordination führt er tendenziell zu Fehlsteuerungen
- Positive Funktion erfüllt er nur in historischen Zeiträumen, weil sich Systeme nur langsam und in schwierigen Transformationsprozessen wandeln

Voraussetzungen und Folgen des Wettbewerbs
- Handlungskoordinierung erfolgt durch wechselseitige Anpassung unabhängiger Akteure
- Akteure verfolgen einerseits eigene Interessen, andererseits unterliegen sie Anreizen, die aus gemeinsamen Interesse an einem Ziel (oder knappen Ressourcen) resultieren, das Akteure nur erreichen können, wenn sie sich im Vergleich zu anderen besser sind
- Ob und wie Koordination tatsächlich gelingt, hängt von den Rahmenbedingungen, den Strukturen des Wettbewerbs und dem institutionellen Kontext ab
- Marktwettbewerb muss in soziale und kulturelle Strukturen eingebettet sein
- Folgen von Wettbewerb variieren je nach institutionellem Kontext
- Wettbewerb fördert Innovationen und steigert Leistungen
- Mechanismus der Komplexitätsbewältigung und Informationsgewinnung
- Besondere Art der Nebenwirkung von Wettbewerb tritt in Mehrebenenstrukturen auf, wenn er Verhaltensweisen erzeugt, die in anderen institutionellen Arenen zur Geltung kommen
- Ebenso kann internationaler Steuer- oder Regulierungswettbewerb Koordination der nationalen Wirtschaftspolitik durch Regierung beeinträchtigen oder korporatistische Verhandlungssysteme zwischen Regierungen und Verbänden gefährden
- **Politischer Wettbewerb bewirkt im Vergleich zu anderen Governance-Formen wie Hierarchie, Verhandlung oder Netzwerk eine besondere Dynamik von Interaktionen (ist immer dort von Vorteil, wo Stillstand unerwünscht ist)**

Markt
- Freier Zugang (fehlende beziehungsweise geringe Ein- und Austrittsbarrieren)
- Soziale Symmetrie („ebenes Spielfeld" für alle Marktteilnehmer)
- Allein auf das Tauschobjekt gerichtetes individuelles Nutzenkalkül (Anonymität und Warencharakter)
- Gewöhnliches Tauschverhalten wird zum Markttausch, wenn Marktteilnehmer regelmäßig aus Anzahl beliebiger Tauschpartner frei wählen und Tauschkonditionen frei aushandeln können
- Freier Wettbewerb ist notwendige Voraussetzung des Warentausches und der Preisbildung auf Märkten

Markttausch als Transaktionstypus
- Koordinationseffekte des Marktes sind im Idealfall rein sachlicher Natur (Märkte tendenziell sozial „entbettet")
- Mit Aufkommen der Marktwirtschaft werden soziale und politische Handlungsmotive durch ein von Nutzenerwägungen bestimmtes individuelles Tauschkalkül verdrängt
- Funktionierende Märkte haben politische und soziale Voraussetzungen, die sie selbst nicht erzeugen können (formale Verpflichtung und sozialmoralische Bindung der Marktteilnehmer)

Gabentausch
- Vollständig in soziale Beziehungen eingebettet (dient sogar primär der Herstellung und dem Erhalt solcher Beziehungen)
- Vorgang des Gebens und Nehmens zumeist in Form des Teilens und der Konstitution von persönlichen Abhängigkeits- und Schuldverhältnissen
- Sozialer Zweck ist Schaffung von wechselseitiger Anerkennung, Reputation und Abhängigkeit

Institutionelle Regulierung
- Institutionelle Regulierung von Märkten soll Regelmäßigkeit und Berechenbarkeit, Offenheit, Unpersönlichkeit und Freiheit des Marktgeschehens und der Marktteilnehmer gewährleisten und drohender sozialer und politischer Vermachtung entgegenwirken
- Märkte brauchen Regulierung durch eine dritte, nicht unmittelbar am Tausch beteiligte Instanz

Theorie des Marktes
Marx
- Kapitalismus entfesselt Produktivkräfte, führt zu Reichtumsmehrung und revolutioniert Gesellschaft fortwährend

Neoklassische Wirtschaftswissenschaft (Ende 19. Jahrhundert)
- Markt ist abstrakter Mechanismus zur Bildung eines Gleichgewichtspreises, bei dem Angebot und Nachfrage sich ausgleichen

Idealmodell des „vollkommenen Marktes":
- Atomistische Marktstruktur (viele kleine Anbieter und Nachfrager mit jeweils kleinem Marktanteil)
- Homogenität der Güter (qualitativ identische Konkurrenzprodukte)
- Vollständige Transparenz (Anbieter und Nachfrager verfügen über alle marktrelevanten Informationen)
- Keine Transaktionskosten (unbegrenzte Mobilität aller Produktionsfaktoren und Güter, freier Marktzu- und Marktaustritt, unbegrenzte Teilbarkeit aller Produktionsfaktoren und Güter, u-endliche Reaktionsgeschwindigkeit des Handels, keine externen Effekte)
- Konstante Ressourcenausstattung, Produktionsverfahren und Produktpaletten
- Konstante Präferenzen der Marktteilnehmer

Liberale Wettbewerbstheorie
- Wesentliches Merkmal des Marktes liegt in fortlaufenden Wettbewerbsprozess, der Innovationen prämiert und nicht anpassungsfähige Marktteilnehmer vom Markt verdrängt
- Betont individuelle Freiheit und unternehmerisches Risiko der Marktteilnehmer (nicht mehr anonymer Preisbildungsprozess im Mittelpunkt, sondern der kreative und wagemutige Akteur, der Marktchancen auslotet und damit einen sozialevolutorischen Ausleseprozess in Gang hält)

Kapitalismus
- Idee des Marktes als Werkzeug „schöpferischer Zerstörung"
- Vor allem im „organisierten Kapitalismus" (19. und 20. Jahrhundert) und mit Aufkommen der von Managern geführten Großunternehmen erscheinen Angebot und Nachfrage zunehmend als gestaltbare Größen, deren Beeinflussung mit Monopolstellungen, Kartellstrukturen und dem Einsatz staatlicher und militärischer Macht zur Durchsetzung der eigenen Position einhergeht

Transaktionskostenökonomik
- Frage: Warum gibt es überhaupt Unternehmen (Planungsinseln im Markt, wo doch laut neoklassischer Wirtschaftstheorie der freie Markt den effizientesten Allokationsmechanismus darstellt?
- Antwort: Markt kann nicht Verlässlichkeit und Stetigkeit garantieren, wie sie eine auf Kooperation angewiesene Güterproduktion voraussetzt
- Kooperation, hierarchisch organisierte zumal, ist nun aber ein Transaktionstypus, der dem des Wettbewerbsmarktes diametral entgegensteht

Realgeschichte des Markttausches
- Empirische Wissenschaft hat bis heute nicht sicher herausgefunden, wann und wo ersten Märkte entstanden sind
- Seit Jahrtausenden gibt es Tauschsysteme unterschiedlicher Größe und Komplexität, die extern verwaltet und gesteuert wurden
- Markt ist demgegenüber System der Selbststeuerung, in dem sich Tauschkonditionen (Preise) aus dem Spiel von Angebot und Nachfrage herausbilden
- Hierarchien und Netzwerke sind historisch weit ältere Steuerungsformen als Märkte, die durch Zwang, persönliche Abhängigkeit und Zugehörigkeit, nicht aber durch freie, versachlichte Wettbewerbsbeziehungen bestimmt werden
- **Freier Wettbewerb ist Voraussetzung für freie Märkte**

Marktregulierung im modernen Staat
- Befugnis, Marktrecht zu schaffen, kann neben staatlichen Gewaltmonopol als ein spezifischer Indikator politischer Souveränität gelten
- Marktregulierung war seit jeher dem Einfluss politischer Interessenten ausgesetzt, die auf eigene Sondervorteile bedacht sind (Vorstellung einer besten Lösung für Schaffung und Erhalt freier Märkte oder Aufbau von Regulierungsinstitutionen ist abwegig)

Theorie der Marktregulierung
Gründe für Regulierung von Märkten:
1. Natürliche Monopole
- Ökonomische Transaktionen sind an stationäres Netz gebunden, dessen Betriebskosten mit zunehmender Auslastung nur unwesentlich steigen
- Beispiele: Industrien, die umfangreiche Netzwerkinfrastruktur voraussetzen, wie Eisenbahn, Energieversorgungsunternehmen, Telekommunikation
- Bei starken Nachfrageschwankungen und Kapazität zur Gewährleistung einer sicheren Versorgung auf Bewältigung einer Spitzenlast sind regulative Vorgaben erforderlich

- Wenn man Bereitstellung von Leistungen in solchen Industrien dem Wettbewerb überlässt, besteht Gefahr, dass Anbieter nur einzelne lukrative Teilmärkte bedienen und die weniger attraktiven unterversorgt bleiben („Rosinenpicken")
- Regulierung besteht zum Beispiel in Kontrahierungszwang oder Vorschriften zum Leistungsumfang (Marktzugangs-, Preis- und Tarifregulierung wie in Elektrizitätswirtschaft, Telekommunikationssektor)
- Früher: Netzwerkindustrien waren lange Zeit in öffentlichem Besitz
- Entwicklung wachsende Privatisierung: Vormals öffentliche Aufgaben werden privat angeboten (Staat bekommtneue, umfangreiche Regulierungsaufgaben)

2. Negative Externalitäten
- Treten auf, wenn Marktteilnehmer Lasten auf andere abwälzen und damit soziale Kosten erzeugen (gemeinwohlschädlich)
- Beispiel: Schadstoffausstoß einer Chemiefabrik schädigt Produkte eines benachbarten Landwirtes (dieser kann durch regulative Politik geschützt werden), Übertragung einer ansteckenden Krankheit (Maßnahmen des Gesundheitsschutzes und Seuchenregulierung müssen getroffen werden)
- Regulation im Finanzsektor: Banken zur Absicherung von Risiken durch Bildung von Kapitalrücklagen zwingen
- Weil Unternehmen meist nicht bereit sind, sich an Kosten der Bereitstellung eines Kollektivgutes (gesunde Umwelt) zu beteiligen, besteht regulativer Handlungsbedarf gegeben

3. Informationsasymmetrien
- Asymmetrische Informationen bestehen zwischen Anbietern und Konsumenten von Dienstleistungen oder Produkten in Bezug auf Preise und Qualitätsmerkmale
- Marktregulierung durch Kennzeichnungs- und Aufklärungspflichten
- Regulative Maßnahmen des Konsumentenschutzes zielen auf Herstellung oder Gewährleistung von Transparenz über Qualität von Produkten und Produktionsbedingungen

Grenzenlose Markterweiterung?
- Neoliberalismus (1980er Jahre): Politische Einmischung in Marktgeschehen ist Hauptursache von Wohlfahrtsverlusten und ökonomischem Niedergang
- These hat sich nicht bewahrheitet, zunehmende Vermarktlichung von Politik, Verwaltung und Gesellschaft ist jedoch Realität
- „Innere kapitalistische Landnahme" nicht neu, seit Beginn der Industrialisierung prägt sie Entwicklung von Wirtschaft, Gesellschaft und Kultur

Folge: Zunehmende staatliche Regulierung
- Expansion des Marktes hat Bereich politischer Entscheidungen nicht eingeschränkt sondern auf lange Sicht hat Staatstätigkeit mit Expansion des Marktes zugenommen
- Mehr Markt und weniger Politik gilt als Patentrezept für Wirtschaftswachstum, Beschäftigung und Wohlstand
- Grund für Wende: Keine festen Wechselkurse mehr, globale Kontrolle der Konvertibilität von Währungen, intensivierter ökonomischer Standortwettbewerb

Ausweitung des Marktes auf Sektoren
- Innere und äußere Expansion des Marktes noch nicht auf natürliche Grenze gestoßen (erst dann, wenn Tausch- und Wettbewerbslogik alle Weltregionen und Lebensbereiche vollständig erobert hätte)
- Beispiel Vermarktlichung: Transformation von Einrichtungen der öffentlichen Versorgung durch Privatisierung, Outsourcing und New Public Management
- Regierungen versuchen Steuerungsprobleme der Sozial- und Umweltpolitik zunehmend durch Anreizsysteme zu lösen (staatlich initiierte Wohlfahrts- und Emissionsmärkte)

Varianten des Kapitalismus
- Trend zur Privatisierung, Liberalisierung, Deregulierung und Erweiterung von Märkten verhindert nicht die institutionelle Steuerung (je nach Land unterschiedlich ausgeprägt)

Offene Fragen
- Ebene der Marktakteure und ihr Verhalten müssen weiter erforscht werden
- Marktakteure bilden wegen ihrer Erwartungen, die sie wechselseitig aufeinander beziehen, ein unauflösbares Ganzes (Betrachten einzelner Akteure kann nicht die realen Gesetzmäßigkeiten individuellen Handelns liefern)
- Markt- und Gesellschaftsstrukturen und Denken und Handeln in Markt- und Wettbewerbskategorien entfalten sich in wechselseitiger Abhängigkeit (auch Politik, Staats- und Verwaltungsstrukturen und Religion und Glauben spielen Rolle bei Marktentwicklung)
- Um zu funktionieren muss Markt sozial eingebettet sein, braucht also neben Rechtsstaat und niedrige Steuern auch geeignete Sozialordnung und politische Demokratie

Gemeinschaft
- *Gesellschaft:* Soziale Beziehungen zu anderen sind vorgängig gegeben (Kollektiv, in das man hineingeboren wird)
- *Gemeinschaft:* Soziale Beziehungen zu anderen sind ausgehandelt, werden durch geteilte Werte, emotionale Bindungen und persönliche Kontakte zusammengehalten
- Gemeinschaften bezeichnen Kollektive, die auf multiplexen, viele Bereiche des alltäglichen Lebens berührenden solidarischen Beziehungen beruhen und in denen geteilte Werte, emotionale Bindungen und Solidarität große Rolle spielen
- Gemeinschaft wird für viele Kollektive verwendet, auch für welche in denen räumliche Nähe der Mitglieder und Face-to-face-Kontakte eine untergeordnete Rolle spielen oder völlig fehlen („Gemeinschaft ohne Nähe")

Wandel bei Begriffsveränderung
Berufsgemeinschaften
- Mitglieder sehen sich als dieselbe Art von Arbeit ausübend
- Identifizieren sich positiv mit ihrer Arbeit
- Haben gemeinsame Werte, Normen und Perspektiven auf ihre Arbeit, soziale Beziehungen untereinander erstrecken sich auf Arbeit und Freizeit

Wissenschaftliche Gemeinschaften
- Durch Bezug auf Wissen und durch Ideal rationaler Beziehungen charakterisiert
- Gilt auch für epistemischen Gemeinschaften in Politik (werden bezogen auf ein gemeinsames Politikfeld durch geteilte normative Überzeugungen, Kausalannahmen und Qualitätskriterien für Wissen charakterisiert)

Praxisgemeinschaften
- Gemeinschaften, deren Mitglieder die gleiche Tätigkeit ausüben und sich aufgrund der Wahrnehmung dieser Gemeinsamkeit in einer Gemeinschaft mit anderen befinden, in der sich zum Beispiel Lernen und Erfahrungsaustausch vollziehen

Virtuelle Gemeinschaften
- Unterscheiden sich von traditionellen Gemeinschaften nicht durch Inhalte der sozialen Beziehungen, sondern durch die internetbasierte Kommunikation
- Können auf unterschiedlichen Merkmalen beruhen und in ihren Identitäten und sozialen Ordnungen nahezu das gesamte angedeutete Spektrum überstreichen

„Neue Gemeinschaften"
Posttraditionale Gemeinschaften, die auf einer kontingenten Entscheidung des Individuums für eine temporäre Mitgliedschaft in einer Freizeit- und Konsumszene beruhen
Entwicklung: Ausweitung des Begriffs
- Anpassung der klassischen Definition an die für die Moderne charakteristischen Mitgliedschaften des Individuums in zahlreichen spezialisierten sozialen Gebilden
- Anwendung der Bezeichnung Gemeinschaft auf immer neue Kollektive, die nur noch wenig mit der klassischen Definition zu tun haben
- Klassische Formen der Gemeinschaft lassen sich nicht mehr klar abgrenzen
- „Einbindung in Schicksalsgemeinschaften" ist aus dem Leben in zeitgenössischen Gesellschaften weitgehend verschwunden

Soziale Ordnung der Gemeinschaft
- Soziologisch relevantes Phänomen nur wenn Gemeinschaft das Handeln ihrer Mitglieder beeinflusst
- Damit Gemeinschaft zur sozialen Ordnung wird, muss sie durch spezifische Kombination von elementaren Mechanismen der Ordnungsbildung und emergenten Strukturen eine Abstimmung dieses Handelns leisten

Merkmale von Gemeinschaften

Geteilte Vorstellung von Gemeinsamkeit
- Akteure müssen wahrnehmen, etwas miteinander gemeinsam zu haben (kleinste gemeinsame Nenner)
- Vorstellung von der Gemeinschaft kann Kontakte zu unbekannten Mitgliedern ersetzen (Beispiel: Nation als Gemeinschaft aller Bürger eines bestimmten Staates)

Kollektive Identität
- Emergente Struktur, die die Ordnung verstetigt, weil sie kontinuierlich beobachtet werden kann, ist kollektive Identität der Gemeinschaft im Sinne eines vereinfachten Selbstbildes
- Handeln in der Gemeinschaft ist primär identitätgeleitet (man agiert, weil man anderen in einem spezifischen Merkmal gleicht, und man agiert deswegen auf spezifische Weise)
- Eliten in Gemeinschaften beeinflussen Handeln der Mitglieder
- Eliten können mit Gemeinschaft als unmittelbar gegeben erscheinen (Vorrang der Alteingesessenen) oder sich als Leistungseliten herausbilden

Werte, Normen, emotionale Bindungen
- In Gemeinschaften entstehen auch informelle Institutionen (Verhaltensregeln), die beobachtet und befolgt werden (Regeln über Inhalte und Formen der Kommunikation)
- Die diesen informellen Institutionen unterliegenden geteilten Werte, Normen und emotionalen Bindungen scheinen aber eher eine in den Interaktionen entstehende Begleiterscheinung von Gemeinschaften als deren konstitutives Element zu sein

Spontane Entstehung
- Gemeinschaft ist spontane soziale Ordnung
- Sobald Gemeinschaften ins Leben gerufen worden sind, entzieht sich die weiter entstehende soziale Ordnung weitgehend den Gestaltungsabsichten der Gründer

Gemeinschaft vs. Gruppe
- Gruppe: Jeder Akteur unterhält zu allen anderen persönliche Kontakte, Mitgliedschaft ist durch gemeinsames Wissen um Mitglieder und implizite oder explizite Entscheidungen über die Mitgliedschaft konstituiert

Governance der Gemeinschaft
- Gemeinschaften weisen nur geringe kollektive Handlungsfähigkeit auf
- Beobachtung und identitätgeleitetes Handeln reichen meist nicht aus, um kollektive Ziele zu formulieren und über gemeinsamen Ressourceneinsatz zu entscheiden (Instanz fehlt, die Entscheidungen für Gemeinschaft treffen kann)
- Schwäche endogener Governance ist charakteristisch für spontane soziale Ordnungen, die entstehen, ohne dass Handlungen planmäßig aufeinander abgestimmt werden
- Mögliche Spaltung oder Auflösung von Gemeinschaften lässt sich kaum verhindern
- Nur akute Bedrohungen der kollektiven Identität (Abstieg einer Fußballmannschaft) können spontane kollektive Willensbildung auszulösen

Organisation als Schnittstelle zur Gesellschaft
- Formalen Organisationen werden meist durch Mitglieder der Gemeinschaft unterhalten (Beiträge für von der Organisation erbrachten Leistungen, die über das identitätgeleitete Handeln hinausgehen)
- Formalen Organisationen sind wichtige Schnittstelle zur Gesellschaft (für Vertretung spezifischer Interessen ihrer Mitglieder braucht Gemeinschaft eine Schnittstelle, die mit der relevanten gesellschaftlichen Umwelt kompatibel ist) → Kanäle für externe Governance

Überlagerung von Gemeinschaften
- Mitgliedschaft in „neuen" Gemeinschaften ist ubiquitäres Phänomen, das Gemeinschaften einander und alle anderen sozialen Ordnungen überlagern lässt

Ordnungsleistung
- Meisten Gemeinschaften erbringen nur schwache Ordnungsleistung
- Können diese Ordnungsleistung aber für beliebig große Zahl von Mitgliedern erbringen
- Moderne Gesellschaft wird von unzähligen Gemeinschaften mit potenzieller Handlungsrelevanz durchsetzt, die alle anderen sozialen Ordnungen überlagern und deren Wirkungen modifizieren können
- Soziale Ordnung der Gemeinschaft sowie die Governance in und von Gemeinschaften sind deshalb wichtiges Phänomen, das bisher noch unterschätzt wird

Institutionalismus und institutioneller Wandel
Institutionengestaltung und Institutionendynamiken
- Institutionenbegriff:
  - Soziale Ordnungen, die nicht gottgegeben oder „natürlich", sondern Menschenwerk und als solches „künstlich" und kontingent sind (Ordnungsmuster wie prototypisch rechtliche Regelungen, über die politische Herrscher und später demokratisch gewählte Parlamente entscheiden)
  - Eingelebte soziale Praxen, die aus deren handelndem Zusammenwirken der Akteure hervorgegangen sind (in Region oder Bevölkerungsgruppe vorherrschenden Sitten und Gebräuche, die nicht bewusst eingerichtet worden sind)
- Institutionengestaltung: Wechselspiel von Intentionalität und Transintentionalität (scheiternde Intentionalität)

Eigendynamik und Gestaltung von Institutionen
- Institutionelle Ordnungen, die ohne Gestaltungsabsichten naturwüchsig entstanden sind, können Dynamiken entfalten, die wiederum Gestaltungsintentionen auf sich ziehen

Triebkräfte
„Visible hand": Intentionaler Institutionengestaltung
„Invisible hand": Naturwüchsige Institutionendynamiken

Positionen
1. Fortschrittsoptimistisches Vertrauen in „visible hand": Wenn Menschen erst Institutionengestaltung entschlossen selbst in die Hand nehmen, wird letztlich alles gut werden

2. Bezüglich Gestaltungsintentionen fortschrittspessimistischen Gegenpol: Gutgemeintes schlägt unweigerlich in Übel um

3. Fortschrittsoptimistische These der wohltätigen „invisible hand": Auf Absichten der Menschen solle man sich nicht verlassen; doch auch und gerade jenseits deren Intentionen realisiere sich das für alle Gute

4. Kapitalismus: Unsichtbare Hand des Marktes bringt „Anarchie" der Einzelkapitale hervor, die gesamtgesellschaftlich auf finale Krise zusteuert

Zwei Koalitionen gegenseitiger argumentativer Unterstützung: Visible-hand-Optimismus wird durch Invisible-hand-Pessimismus bestärkt und umgekehrt, und das Gleiche gilt für Invisible-hand-Optimismus und den Visible-hand-Pessimismus

Soziologischer Neoinstitutionalismus
- Akteur strebt nach Erwartungssicherheit, die ihm von Institutionen bereitgestellt wird
- Akteur kann durch Institutionen einschätzen, was seine Gegenüber in einer bestimmten Situation tun werden und welches Handeln sie von ihm erwarten
- Beispiel: Rechtsnormen verhelfen jedem Akteur zu Erwartungen über das Handeln der je anderen und zu Erwartungserwartungen (alle können sich auf Gegenüber einstellen und so die doppelte Kontingenz der Situation bewältigen)

Mechanismen der Institutionendynamik
- Drei Mechanismen die Institutionalisierungsdynamiken vorantreiben:
  - „mimetic isomorphism": Wechselseitige Beobachtung zwischen Akteuren, die von ihnen als besonders effizient und effektiv eingeschätzte Praktiken kopieren
  - „normative isomorphism": Empfehlungen durch anerkannte Experten annehmen
  - „coercive isomorphism": Auf Grundlage rechtlicher Vorschriften, die ihrerseits meist Experteneinschätzungen kodifizieren

Institutionenökonomik
- Betont Entscheidungsunsicherheit des Akteurs, der im Kontext von Institutionen steht, die dieses Problem lösen oder zumindest mildern können
- Institutionenbegriff umfasst Routinen, etablierte Praktiken, Regeln, Gesetze und Standards, soweit sie Kognition und Interaktion der Akteure beeinflussen
- Erklärt Existenz von Unternehmen damit, dass bestimmte Transaktionen innerhalb hierarchischer Unternehmensstrukturen kostengünstiger zu bewerkstelligen sind als auf Märkten
- Beispiel Arbeitsmarkt: Wenn Arbeitskräfte nicht durch Institution des Arbeitsvertrages gebunden wären, sondern von Tag zu Tag an einer Art Arbeitsbörse gehandelt würden, wäre Such- und Vermittlungsaufwand enorm
- Geeignete Governance-Struktur in/zwischen Unternehmen hängt von drei Größen ab:
  o Höhe transaktionsspezifischer Investitionen
  o Häufigkeit der Transaktionen
  o Grad ihrer Unsicherheit
- Beispiel Zulieferbeziehung: Je mehr beide Seiten in sie investieren müssen, je mehr Produkte zu liefern sind und je komplexer und abnehmerspezifischer das Produkt ist, desto riskanter wird Abbruch der Vertragsbeziehung, gegen die man sich durch nichtmarktliche, institutionelle Vorkehrungen schützen sollte

Principal-agent-Theorie
- Kontrollproblem Prinzipal (Arbeitgeber, Vorgesetzter, Auftraggeber) gegenüber Agenten: Wie kann gewährleistet werden, dass der Mitarbeiter, Untergebene oder Auftragnehmer auch tatsächlich im Sinne des mit dem Prinzipal Vereinbarten tätig wird?
- Informationsasymmetrien erschweren es dem Prinzipal Tätigkeit des Agenten zu beurteilen
- Wie ist Prinzipal-Agent-Beziehung beschaffen? Welche Möglichkeiten und Interessen des „shirking" hat Agent? Welche Mechanismen kann Prinzipal institutionalisieren?

Property-rights-Ansatz
- Ausgestaltung von Eigentums- und Verfügungsrechten beeinflusst Allokation und Nutzung wirtschaftlicher Ressourcen auf spezifische und vorhersehbare Weise
- Beispiel: Institutionelle Garantie des Eigentumsrechtes (umfassend und sanktionierbar geregelte Eigentumsverhältnisse sind wichtig für wirtschaftliche Entwicklung weil dadurch normative Erwartungssicherheit etabliert wird

Rational-Choice-Institutionalismus
- Akteure sind zielorientiert im Sinne einer rationalen Nutzenverfolgung

<u>Interessenkonflikte zwischen Akteuren mit drei Abstufungen der Konflikthaltigkeit</u>
1. Reine „Koordinationsspiele"
- Alle Beteiligte einigen sich auf ein Konstellationsgleichgewicht, das für alle das Beste ist
- Beispiel: Vorfahrtsregeln im Straßenverkehr

2. Reine „Konfliktspiele"
- Nullsummenverhältnis zwischen Nutzenbilanzen der Beteiligten (gibt nur Konstellationsgleichgewichte, bei denen Vorteil des einen Nachteil des anderen ist)
- Beispiel: Zwei Autofahrer, die es beide eilig haben, fahren sich auf längeren engen Wegstrecke entgegen, einer muss zurückfahren und warten

3. „mixed motive games"
- Weder harmonisch wie „Koordinations-" noch konfrontativ wie „Konfliktspiele"
- Konstellationsgleichgewichte unterscheiden sich in „Pareto-Superiorität" (bei manchen Gleichgewichten steht sich mindestens ein Beteiligter besser als bei anderen, und es kann Gleichgewichte geben, bei denen sich alle besserstehen)

- Beispiel: Beide Autofahrer haben außer engen Wegstrecke auch deutlich weitere Alternativroute zur Verfügung, können sich einigen, dass einer von vornherein dort entlangfährt. Beide hätten den Vorteil, sich nicht um Vorfahrt streiten und eventuell dann auch warten zu müssen. Einer hätte allerdings auch den kürzeren Weg, sparte also noch mehr Zeit und Benzin als der andere, Beispiel: „Chicken", „Prisoner's Dilemma")

Konfliktbewältigung durch Institutionen
- Geeignete institutionelle Regeln können Bewältigung der zwischen den Akteuren bestehenden Intentionsinterferenzen erleichtern
- Stabiler Gleichgewichtszustand, in dem jeder der beteiligten Akteure durch einseitige Änderung seines Handelns einen Verlust erlitte

Koordinationsspiele
- Gestaltungsintentionen am leichtesten realisierbar
- Ausgeprägte Interessengegensätze zwischen Beteiligten gibt es nicht, sodass der wichtigste Faktor fehlt, der ein wechselseitiges Konterkarieren der Intentionen herbeiführen könnte

Konfliktspiele
- Strukturell nichts anderes möglich, als dass sich Akteure auf Kosten anderer durchsetzen
- Situative Einflussgrößen:
  o Zeitdimension (zeitlicher Vorsprung am Büfett)
  o Sozialdimension (wie asymmetrisch sind Einflusspotenziale verteilt, dauerhafte Einflussdominanz einer Seite, Vorstellungen durchsetzt, dauerhaft einflussüberlegener externer Akteur setzt Institution nach Belieben fest)

„Mixed motive games"
- Institutionelle Regelungen lassen sich etablieren, die im Vergleich zu institutionenfreien Zustand pareto superiore oder paretooptimale Gleichgewichte ermöglichen
- Multiple Abhängigkeiten zwischen Akteuren sind entscheidenden Mechanismen, die Institutionalisierung paretosuperiorer Gleichgewichte befördern

- Wenn diese drei Mechanismen nicht nur auf Basis wechselseitiger Beobachtung des Handelns wirken, sondern auch gezielt in Verhandlungen über Gestaltung von Institutionen eingesetzt werden, kann das die Schaffung, Erhaltung oder Veränderung von Institutionen beschleunigen und verstärken

Institutionen werden, ob intentional oder transintentional, produziert und reproduziert, weil sie wiederkehrende Probleme der Interdependenzbewältigung lösen helfen

Historischer Institutionalismus
- Institutionendynamiken als Nachwirkungen früherer Ereignisse, Konstellationen und Abläufe, die aktuellen Gestaltungszugriff weitgehend entzogen bleiben
- Vorgänge der gezielten Gestaltung von Institutionen sind sowohl „von hinten" in Pfadabhängigkeiten eingebunden als auch „nach vorn" unüberschaubare Langzeitwirkungen entfalten können
- Ambitionierte Gestaltungsvorstellungen liegen jenseits des Erreichbaren, weil man den früher eingeschlagenen Pfad der Institutionendynamik nicht verlassen kann
- Um böse Überraschungen zu vermeiden, sollte man sich bei Gestaltung von institutionellen Ordnungen nur in kleinen Schritten vom Status quo entfernen und diese Schritte auch noch möglichst reversibel anlegen

Akteurzentrierter Institutionalismus
- Betont korporative Akteure (formale Organisationen)
- Handeln korporativer Akteure muss auf das handelnde Zusammenwirken seiner individuellen Mitglieder zurückgeführt werden können
- Akteure handeln im Rahmen von sozialen oder institutionellen Strukturen
- Institutionen: „Normen des angemessenen Verhaltens"
- Handlungsantriebe der Akteure sind institutionellen Regelungen als normative Vorgaben und „Standardinteressen" (Autonomiesicherung, Domänenabgrenzung, Wachstum, Erwartungssicherheit)
- Mittels Handlungsorientierungen wird Einzelhandeln erklärt, wobei bereits darin wahrgenommene bzw. antizipierte Muster des handelnden Zusammenwirkens eingehen

Kognitive Orientierungen
- Beinhalten das je situativ relevante Tatsachen- und Kausalwissen der Akteure (einschließlich Wahrnehmung, Deutung und Erwartung des Handelns der Gegenüber)

Relationale Orientierungen
- Generaltönung des interaktiven Verhältnisses zu anderen Akteuren der Konstellation: Ist Verhältnis generell kooperativ, eigennutzmaximierend, kompetitiv oder feindselig?
- Relationale Orientierung stellt neben Wissensfundus und Handlungsantrieben eine eigenständige Art von Bestimmungsgröße des Handelns dar

Akteurskonstellationen
- Einseitige oder wechselseitige Anpassung, Verhandlung, Abstimmung und hierarchische Entscheidung
- Bilden Kontinuum zwischen Höchstmaß an Autonomie einzelner Akteure an dem einen und Höchstmaß an kollektiver Handlungsfähigkeit an dem anderen Ende
- Situative Faktoren: Gegebene Ressourcenverteilungen, die von den institutionell geregelten Verteilungen abweichen können

Fazit
- Institutionen (ob Normen oder kognitive und evaluative Orientierungen) sind zentrale Variablen der Handlungsprägung von Akteuren
- Interdependenzbewältigung ist damit institutionell vorgeprägt
- Institutionen werden als (teils naturwüchsig sich ergebende, teils gezielt angestrebte) Resultate handelnden Zusammenwirkens betrachtet (stellen Handlungsprägung dar, die weitere Effekte zeigt, Zirkularität institutionalistischen Denkens)
- Governance-Perspektive: Institutionen sind Prägungen und Resultate der Interdependenzbewältigung zwischen Akteuren (beides geschieht teils transintentional, teils intentional)

Pfadabhängigkeit
- Vergangenheit determiniert zu einem gewissen Grad die Zukunft und richtet den Prozess der Evolution aus
- Erreichten Zustände können kollektiv ineffizient oder suboptimal sein, ohne dass der Prozess deshalb notwendigerweise zum Erliegen kommt oder radikal geändert wird
- Beispiel Tastatur Schreibmaschine: Historische Zufälligkeiten haben in pfadabhängigem Prozess zu Dominanz von QWERTY geführt, an der sich bis heute nichts geändert hat, obwohl technologische Entwicklung beliebig andere, vor allem ergonomisch optimierte Tastenanordnungen problemlos erlaubt)
- Für alle Hersteller von Schreibmaschinen wäre Umstellung auf anderen Standard mit Kosten und Risiko verbunden, auf den neuen Produkten sitzenzubleiben, selbst wenn sie effizienteres Schreiben ermöglichen (Festhalten an QWERTY bietet größten Nutzen)

Phänomen der pfadabhängigen Ausbreitung einer Technologie (Polya-Urnen-Modell)
- Urne mit roter und blauer Kugel, per Zufall wird eine Kugel gezogen, die dann zusammen mit einer weiteren Kugel derselben Farbe in die Urne zurückgelegt wird
- Ursprünglich zwei Gleichgewichte (rot und blau), welches Gleichgewicht erreicht wird, ist abhängig von frühen (ersten) Zügen (zufallsgesteuerte historische Ereignisfolge)
- Beispiel Konkurrierende Technologien: Chance, ihren Marktanteil zu vergrößern und Markt vollständig zu dominieren, hängt davon ab, wie erfolgreich sie sich bislang im Markt entwickelt haben

Mechanismen
- Dominanz durch häufigkeitsabhängigen Prozess in dem steigende Nutzerzahl Attraktivität der Technologie erhöht
- Zunehmende Skalenerträge und positive Rückkopplungen erhöhen Nutzen einer Technologie in selbstverstärkender Weise und verhindern damit Abweichen vom einmal eingeschlagenen Entwicklungspfad

Selbstverstärkung entsteht mit Blick auf ökonomisch-technische Phänomene als:
Lerneffekt
Nutzungserfahrungen verbessern Umgang mit einer Technik und erhöhen so ihre Leistungsfähigkeit

Skalenerträge (Economies of Scale)
Wenn Techniken, die einen hohen Entwicklungsaufwand verursacht haben, in großer Stückzahl produziert werden, fällt dieser weniger ins Gewicht

Adaptive Erwartung
Wird erwartet, dass eine Technik sich ausbreitet und ihr Nutzen steigt, steigt die Nachfrage

Netzwerkexternalität
Nutzen einer Technik steigt mit Grad ihrer Verbreitung. Wie etwa beim Telefon werden hierdurch neue Nutzer gewonnen, und die Technik wird intensiver genutzt.

Koordinationseffekt
Mit steigender Ausbreitung einer Technologie wird es zunehmend attraktiver, zu ihr komplementäre und kompatible Produkte herzustellen, die bewirken, dass die Technologie noch attraktiver wird (Beispiel: Betriebssystem mit passender Anwendungssoftware

Interdependenz
Je stärker technische Komponenten und technische Kompetenzen aufeinander bezogen sind, desto fester etabliert sich eine Technologie (hohe Kosten bei Wechsels zu einer anderen Technologie)

- Kleiner, oft zufällig erworbener Vorteil einer Technologie verwandelt sich in uneinholbaren Vorsprung gegenüber allen alternativen Technologien (gilt auch für später entstehende Technologien, die die Funktionalität der alten Technik übertreffen)
- Unter den Bedingungen von Pfadabhängigkeit setzt sich nicht unbedingt die effizienteste Technologie durch
- Solange Handeln der Akteure nur über Markt koordiniert ist, gelingt Übergang zu einer leistungsfähigeren Technologie in der Regel nicht (Wechsel von QWERTY zu effizienteren Standard nur möglich, wenn dies zwischen verschiedenen Gruppen koordiniert wird)
- Interdependenz der Nachfrage verstärkt den Verbreitungsgrad des Standards, der zu Beginn den relativ größten Marktanteil hat

Sozialwissenschaftliche Erweiterung des Konzeptes
- Beispiel Konventionen: Rechtsfahren im Autoverkehr, Gebrauch einer Währung, Sprechen einer Sprache
- Konventionen bearbeiten symmetrische Koordinationsprobleme zwischen Vielzahl von Akteuren
- Senken Transaktionskosten (bestimmte Lösung wird umso attraktiver, je häufiger sie praktiziert wird)
- Technologischer und institutioneller Wandel sind treibende Kräfte der gesellschaftlichen und ökonomischen Entwicklung
- Drei Mechanismen bzw. Merkmale, die Pfadabhängigkeit erzeugen:
  o Komplementaritäten
  o Verbund- bzw. Bündelungsvorteile (Economies of Scope)
  o Netzwerkexternalitäten
- Institutionen wirken im Verbund zusammen und verstärken sich wechselseitig (Komplementarität)
- Erzeugt positive Netzwerkexternalitäten die bewirken, dass sich ein Regelsystem nicht nur verfestigt, sondern auch weiter ausbreitet
- Diese institutionelle Stabilität erklärt, warum auch Wirtschaftssysteme mit chronisch schlechter Leistungsfähigkeit lange Zeiträume überlebten oder warum nationale Unterschiede trotz gleicher internationaler Probleme erhalten bleiben

Prozessen der Selbstverstärkung
- Durch Pfadabhängigkeit
- Macht, Normen, Traditionen, Nützlichkeit oder Funktionalität können Auslöser sein
- Viele Institutionen haben politischen, machtbasierten Charakter (sind deshalb verhältnismäßig veränderungsresistent, weil ihre relative ökonomische Effizienz nicht ausschlaggebend ist und vom Markt ausgehender Veränderungsdruck fehlt)

Koordinationszwang
Zentrale Bedeutung kollektiven Handelns bei der Bereitstellung öffentlicher Güter und hiermit verbundene Erfordernisse

Institutionendichte
Hohe Dichte der Institutionen, denen man sich nicht entziehen kann und auf deren Basis man Verpflichtungen und Bindungen eingegangen ist

Macht
Möglichkeit, politische Autorität zu nutzen, um Machtasymmetrien zu verstärken und einen günstigen gesellschaftlichen Status quo zu stabilisieren

Komplexität
Komplexität und Ambiguität der Politik, die eine Beurteilung der Leistungsfähigkeit der Institutionen und korrigierende Eingriffe nahezu unmöglich macht

Typologie pfadabhängiger Erklärungen institutioneller Reproduktion

	Utilitaristische Erklärung	Funktionale Erklärung	Machtbasierte Erklärung	Legitimations-erklärung
Mechanismus der Repro-duktion	Rationale Nutzen-erwägung der Akteure	Funktionserfül-lung für ein Sys-tem	Unterstützung durch Eliten	Moralische Verpflichtung
Potentielle Suboptimalität der Institution	Weniger effizient als ursprünglich verfügbare Alter-nativen	Weniger funktio-nal als ursprüng-lich verfügbare Alternativen	Stärkung einer ursprünglich untergeordneten Gruppe	Weniger wert-konform als ursprüngliche Alternativen
Mechanismus des Wandels	Zunehmender Wettbewerbs-druck; Lernpro-zesse	Exogener Schock transformiert Systemerforder-nisse	Schwächung der Elite; Stärkung Untergeordneter	Wandel indivi-dueller Wert-vorstellungen

Abbildung 5: Typologie pfadabhängiger Erklärungen institutioneller Reproduktion (Quelle: Benz, Arthur, 2007: Grundlagen der Governance-Analyse. MA Governance, Modul 1.1, S. 132, Fakultät für Kultur- und Sozialwissenschaften, Fernuni Hagen.)

Konstitutiv für Pfadabhängigkeit ist demnach unabhängig vom konkret wirkenden Mechanismus:
1. dass der Kausalprozess hochempfindlich für Ereignisse ist, die in frühen Phasen der historischen Entwicklung stattfinden
2. dass diese frühen Ereignisse historisch kontingent sind, statistisch zufällig auftreten und nicht etwa durch frühere Ereignisse erklärt werden können
3. dass der kausale Mechanismus relativ deterministisch einen einmal in Gang gesetzten Prozess vorantreibt und den Verlaufspfad vorschreibt

Entwicklungssequenz
* Institutionelle Entwicklungen setzen zu bestimmten kritischen Zeitpunkten ein, zu denen auch andere Entwicklungen möglich gewesen wären
* Verstärken sich im Zeitablauf und schreiten pfadabhängig voran, was alternative Entwicklungen unwahrscheinlich macht (Akteure orientieren ihr Handeln an dem eingeschlagenen Pfad und erwarten, dass auch die anderen das tun)
* **Entscheidend für die Entstehung von Pfadabhängigkeit sind Zeitpunkt ("timing") des Eintretens eines Ereignisses und weitere Ereignisfolge ("sequencing")**

Reaktive Sequenzen
* Können Merkmale von Pfadabhängigkeit aufweisen
* Ereignisketten, in denen jedes Ereignis in einer Sequenz eine Reaktion auf ein vorhergehendes und kausale Ursache für ein nachfolgendes Ereignis bildet
* Rückkopplungsmechanismus: Jeweils andere, teils entgegengesetzte Entwicklungsrichtung wird eingeschlagen (Stabile an diesem Prozess ist Veränderung)

Wert- oder Leitvorstellungen
* Institutionalisierungsprozesse stellen Wertvorstellungen und Leitvorstellungen auf Dauer

- Erzeugen konformes Verhalten, weil Akteure diese Vorstellungen übernehmen
- Müssen nicht für alle gleichermaßen optimal sind (sind nützlich, weil Leitvorstellungen nicht hinterfragt werden und somit Unsicherheit reduzieren)
- Wandel bzw. Pfadabweichung ergibt sich als Folge der Veränderung von Wert- und Legitimitätsvorstellungen (bleibt offen, welche Ursachen diese Veränderungen haben und ob sie aus endogenen oder exogenen Quellen stammen)

Kritik der Pfadabhängigkeit
Feststellung, dass in der Vergangenheit geschaffene Institutionen, Denkweisen und Entscheidungsroutinen in der Gegenwart weiterwirken, Handeln strukturieren und damit zukünftige Entwicklungen ausrichten, ist inhaltsleere Allgemeinaussage

Möglichkeit des Wandels
- Fälle, in denen Wechsel von wenig effizienten zu effizienteren Standard unterbleibt:
  o Übergang hängt von Höhe der Transaktionskosten und Effizienzgewinn ab
  o Individuellen Kosten des Wechsels sind jeweils zu hoch
- Interaktion von pfadabhängigen Entwicklungslinien muss mit der sich wandelnden Umwelt berücksichtigt werden
- Pfadabhängigkeit impliziert immer verschiedene mögliche Entwicklungen, von denen genau eine eingetreten sei (anderen Möglichkeiten bleiben relevant, Akteure können unter bestimmten Umweltbedingungen auf sie zurückgreifen)
- Alle pfadabhängigen Entwicklungen sind „anfällig für grundlegenden Wandel", wobei Grad der Anfälligkeit vom zugrunde liegenden Stabilisierungsmechanismus abhängt
- Adaptive Erwartungen gegen Etabliertes können sich wenden, aufgrund von Änderungen der „Umwelt" können Skalenerträge nicht mehr weiter zunehmen, was Kosten des Wechsels verringert
- Mechanismus der Sequenzierung: Einmal eingetretene Ereignisse sind nicht reversibel
- Frühe Ereignisse strukturieren zwar mögliche zukünftige Alternativen, sie schließen aber einen weitgehenden Wandel, wenn er in einer graduellen Sequenz erfolgt, nicht aus
- Suggerierte Determinismus wird inzwischen zunehmend kritisiert (Institutionen sind komplementär und können sich gegenseitig stabilisieren, schließt aber Wandel und Pfadabweichung bzw. Transformation über einen längeren Zeitraum nicht aus)

<u>Arten von Wandel</u>
- „Displacement" – eher untergeordnete Institutionen gewinnen an Bedeutung
- „Layering" – einzelne neue Elemente treten hinzu, die die institutionelle Struktur allmählich verändern
- „Drift" – institutionelle Elemente werden vernachlässigt und verschwinden
- „Conversion" – alte Institutionen dienen neuen Zwecken
- „Exhaustion" – Institutionen erschöpfen sich im Zeitablauf
Weitreichende Wandel wird nicht durch exogenen Schock verursacht, sondern geht auf kleinere endogene Veränderungen zurück

Pfadkreation
- Möglichkeiten Neues zu schaffen und den Lauf der Ereignisse gezielt zu beeinflussen
- Um stabile neue technologische Pfade zu schaffen, bedarf es neuer Organisationen und Institutionen, die Unsicherheit abbauen und Legitimation erzeugen

Fazit
- Kritik: Grundlegender Wandel wird nur noch als Ausnahme von der Regel eingestuft
- Gegenpol: Pfadabhängigkeit bedeuten nicht Stillstand
- Beispiel: Unveränderte Anordnung der Tasten der Schreibmaschine hat nicht verhindert, dass moderne hochleistungsfähige Textverarbeitungssysteme entstanden sind
- Viele Mechanismen, die angeblich Stabilität sichern, sind anfällig für grundlegende Veränderungen

- Strategische Handlungsfähigkeit von Akteuren setzt diese in die Lage, gezielt neue Entwicklungspfade zu schaffen

Policy-Transfer und Policy-Diffusion
- Überblick über Mechanismen, Bedingungsfaktoren und Ergebnisse dynamischer Prozesse der Entwicklung und Verbreitung von Politik
- Strukturen der Interdependenzbewältigung zwischen individuellen, korporativen, kollektiven Akteuren, Interorganisationszusammenhängen oder politischen Systemen

Policy-Diffusion
- Diffusions-/Transfereinheiten müssen sich mindestens in Konstellationen der Beobachtung zueinander befinden, in denen Interdependenzbewältigung durch einseitige oder wechselseitige Anpassung des je eigenen Handelns an das wahrgenommene oder auch antizipierte Handeln der anderen erfolgt
- Einseitige Anpassung: Suche nach Vorbildern für aktuelle Problemlösungen, durch Vorgänger inspirieren lassen
- Wechselseitige Anpassung: Anderer passt sich auch einem selbst an (Sequenz von Aktionen und Reaktionen, bei der Initiative mal von der einen, mal von der anderen Seite ausgeht, oder als simultanes beidseitiges Handeln, das auf das antizipierte Handeln des anderen reagiert)
- Diffusion oder Transfer kann punktuell erfolgen (in Episoden, die jeweils als einmalig angesehen werden) oder verstetigt (in sich wiederholenden Sequenzen)
- Wiederholte Transfer- und Diffusionsprozesse setzen engere, auf Dauer gestellte soziale Beziehungen zwischen den Transfereinheiten und höheren Grad an Institutionalisierung des Diffusions- und Transferkontextes voraus
- Diffusionsstudien gehen von robusten Mustern der Übernahme von Innovationen aus, welche kumulativ über die Zeit hinweg erfolgt
- Beispiel: Zunächst übernehmen wenige Länder eine Innovation; im Zeitablauf wird Adoptionsrate höher und sinkt an einem bestimmten Punkt ab
- Von besonderer Bedeutung für Diffusionsverlauf ist Konzept der kritischen Masse
- Positionierung der Innovateure im sozialen System ist ausschlaggebend für Geschwindigkeit der Verbreitung der Innovation

Policy-Transfer
- Policy-Transfer-Debatte konzentriert sich auf individuelle Prozesse des konkreten Imports oder Exports von Politikinhalten und ihre Mechanismen, Inhalte und Ergebnisse
- Analytische Perspektive der Policy-Transfer-Diskussion ähnelt stärker der Governance-Perspektive als Diffusionsliteratur (Erkenntnisinteresse ist darauf gerichtet, Funktionsweise von Koordinationsmechanismen und ihre Bedeutung für den Import oder Export von Policies auf der Mesoebene zu rekonstruieren)
- „Offene Methode der Koordinierung": Weicher Steuerungsansatz der grenzüberschreitende Lern- und Transferprozesse durch Benchmarking und Transparenz über die jeweiligen nationalen „best practices" anregen soll

Policy-Konvergenz
- Im Zeitablauf zunehmende Ähnlichkeit zwischen Merkmalen einer bestimmten Politik (Ziele, Instrumente, Niveau von Standards) über verschiedene Rechtsräume hinweg
- Markiert Endergebnis eines Prozesses des Wandels von Politik, unabhängig davon, welche Kausalmechanismen diesen antreiben

Unterschiedliche Grade von Transfer
<u>Kopieren (Copying)</u>
Programm ohne Änderungen übernehmen, welches bereits in einem anderen Land oder einer anderen Gebietskörperschaft eingesetzt wird

Angleichen (Adaptation, Emulation)
Programm, das anderswo eingesetzt wird, als „best practice" anerkennen und als Leitbild für eigene Regelsetzungsprozesse wählen
Kombinieren (Hybridization, Synthesis, Combination)
Verschiedene Elemente aus Programmen anderer Länder oder Gebietskörperschaf-ten kombinieren

Inspirieren (Inspiration, Influence)
Studium der Problemlösungen anderer Länder als intellektuellen Stimulus nutzen, um zu neuen, eigenen Problemlösungen zu kommen

Mechanismen des Transfers
Weder in der Diffusions- noch in der Policy-Transfer-Debatte besteht Konsens über Mechanismen, die Prozesse des Imports oder Exports von Politik vorantreiben

Zwang in Hierarchien
- Policy-Transfer durch Hierarchie tritt auf, wenn externer politischer Akteur einen anderen dazu zwingt, eine bestimmte Policy zu übernehmen
- Möglichkeit zur Ausübung von Zwang kann auf asymmetrisch verteilter Macht und Abhängigkeit des einen Akteurs vom anderen beruhen
- Abhängigkeiten können durch Kontrolle über Ressourcen begründet sein, die vom dominanten Akteur entweder als Anreiz oder als Sanktionsmittel eingesetzt werden, um die Übernahme einer Politikmaßnahme zu erzwingen
- Policy-Transfer wird auch durch supranationale Institutionen erzwungen
- Europäische Kommission, Europäischer Gerichtshof und Europäische Zentralbank können Kompetenzen ohne Beteiligung der Regierungen der Mitgliedstaaten ausüben und diesen vor allem Auflagen zum Abbau von Marktbarrieren (negative Integration) auferlegen
- Ergebnis eines erzwungenen Policy-Transfers: Kopieren des Politikprogramms der vorgesetzten Institution oder des mächtigeren Akteurs oder Angleichung an das als „best practice" erachtete Politikmodell

Wettbewerb
- Policy-Transfer kann durch ökonomischen Wettbewerb um mobile Produktionsfaktoren, Investoren oder Steuerquellen ausgelöst werden
- Artikulierte oder antizipierte Drohung mobiler Marktakteure, nationale Produktionsstätten und Arbeitsplätze ins Ausland zu verlagern, kann Regierungen dazu veranlassen, regulative Standards zu senken und damit ein regulatives „race to the bottom" einzuleiten

Verhandlungen
- Verhandelter Policy-Transfer umfasst Prozess, durch den gemeinsame Regeln und Normen durch Staaten oder Gebietskörperschaften vereinbart werden, deren Umsetzung den Verhandlungsparteien dann die Übernahme von Politikinhalten auferlegt
- In Verhandlungssituationen ist Haltung der Akteure „positionsbezogen" (sie beharren auf ihren Situationsdeutungen und Verhandlungszielen und sind nur bei entsprechenden Kompensationen zu Zugeständnissen bereit)
- Ergebnis ausgehandelter Transferprozesse: Kombination von Politikmodellen der Verhandlungspartner oder Angleichung an Leitmodell, das als Orientierungspunkt für Suche nach Konsens dient

Deliberation
- Bei durch Deliberation initiierten Policy-Transfers verfolgen Beteiligten problem- oder verständigungsorientierte Handlungsorientierung (soll größere Einigungsräume und für alle Beteiligten bessere Verhandlungsergebnisse ermöglichen)

- Ergebnis: Verständigung ein Leitmodell zu kopieren, sich der wahrgenommenen „best practi-ce" anzunähern, Elemente der Modelle aller Beteiligten zu kombinieren, sich lediglich für eigene Reformprozesse durch ausländische Vorbilder inspirieren zu lassen

Policy-Shopping
- Politikmodelle aufnehmen, die anderswo erfolgreich erprobt worden sind
- Mögliche Transfererergebnisse sind schwer zu prognostizieren
- Ergebnis: Kopiertes Programm einer anderen Gebietskörperschaft dient lediglich als Leitmodell für eigene Reformen, Elemente aus Programmen unterschiedlicher Länder werden miteinander kombiniert oder dienen nur als Inspiration für eigene Maßnahmen

Kombinationen von Mechanismen
- „Facilitated unilateralism": Mischungsverhältnis von Hierarchie und unilateralem Policy-Shopping (Beispiel: Methode der Offenen Koordinierung in der EU)
- Policy-Shopping: Europäischen Institutionen setzen rechtlichen Rahmen, verbunden mit prozeduralen Vorgaben, in dem Mitgliedstaaten über jeweiligen nationalen „best practices" durch Benchmarking und Leistungsevaluation informiert werden und auf dieser Basis selbst entscheiden können, welche Policy-Praktiken sie übernehmen
- Hierarchie: Bund kann hierarchisch entscheiden, auf vollständige Harmonisierung zu verzichten, und lediglich Mindeststandards festlegen oder einem Einzelstaat eine Ausnahmegenehmigung zur Festlegung eines eigenen Emissionsstandards erteilen (durch die dadurch geschaffenen Doppelstandards kann nun ein regulativer Wettbewerb ausgelöst werden, aus dem am Ende ein Emissionsstandard als neues Leitmodell hervorgeht)

Endogene Bedingungsfaktoren
- Transferfördernd: Kulturelle, institutionelle und sozioökonomische Ähnlichkeit zwischen beteiligten Transfereinheiten
- Sozioökonomische Parameter: Nationale Niveau von Standards, Normen und Abgaben

Exogene Bedingungsfaktoren
- Faktoren aus dem Umfeld der Transfereinheiten
- Diffusionfördernd: Einbettung von Transfereinheiten in Kommunikationsnetzwerke
- Horizontale Diffusion entweder durch regulativen Wettbewerb zwischen amerikanischen Einzelstaaten, durch Institutionalisierung dauerhafter Verhandlungssysteme oder durch Einbindung in regionales Kommunikationsnetzwerk begünstigt
- Vertikale Politikdiffusion ist Folge der Entstehung nationaler Koordinations- und Diffusionsinstitutionen innerhalb des Mehrebenensystems

Transfer agents
- Change Agents tragen dazu bei, Bewusstsein des Bedarfs an Veränderung zu erzeugen (bestehende Problemlage dramatisieren oder Alternativen zu vorhandenen Problemlösungen aufzeigen)
- Internationale Politi: Internationale Organisationen und private „advocacy networks" (nichtstaatlichen Akteuren wie Interessengruppen, NGOs, Think-Tanks, Beratungsfirmen, Rechtsanwaltskanzleien oder Banken) sind Schlüsselakteure des transnationalen Policy-Transfers

Transferobjekt
- Gute Voraussetzungen für zügige Übernahme bieten einfach strukturierte Politikansätze, die gut sichtbar sind, bei denen Zusammenhang zwischen Ursache und Wirkung deutlich erkennbar ist und die wenig Konfliktpotenzial beinhalten
- Beispiel: *Einhaltung und Übernahme von Qualitätsstandards* bedeutet für beteiligten Unternehmen Wettbewerbsvorteil und kann regulatives „race to the top" auslösen,

Produktionsstandards legen Produzenten lediglich höhere Produktionskosten auf, ohne dass diese notwendigerweise auf Kunden übergewälzt werden können

Fazit
- Diffusion und Transfer können prinzipiell als unabhängige oder abhängige Variablen bewertet werden
- In Verknüpfung der Policy-Transfer-und-Diffusions-Debatte mit Governance-Perspektive liegt erhebliches analytisches Potenzial, das insbesondere in der Spezifikation von Mechanismen dynamischer Politikprozesse besteh
- Aufgabe Policy-Transfer-Forschung: Abfolge und Zusammenspiel der unterschiedlichen Koordinationsprinzipien in Transferprozessen rekonstruieren (Typologie von Ergebnissen, Mechanismen und Bedingungsfaktoren des Policy-Transfers herstellen und herausarbeiten, unter welchen Bedingungen welche Mechanismen von Transfer zu welchen Ergebnissen führen)
- **Angesichts zunehmend transnational ablaufender Prozesse der Politikentwicklung wächst Bedarf an analytischen Kategorien, die einerseits empirisch untermauert sind, andererseits jedoch Grundlage weiterer Theoriebildung in der Policy Forschung sein können**

Governance und Wandel des Staates
- Governance steht für Perspektive auf Nationalstaat und Prozess seiner Transformation
- Transformation: Grundlegende Veränderungen von institutionellen Strukturen, die über Veränderungen von Aufgaben oder Arten der Aufgabenerfüllung hinausgehen

Merkmale des Nationalstaats als institutionalisierte Herrschaftsordnung
1. Staatsgebiet
Herrschaft des Staates erstreckt sich auf ein Gebiet, das durch eindeutige Grenzen definiert ist (Territorialstaat)

2. Staatsbürgernation
Moderner Staat stellt Zusammenschluss von Menschen zu einem Staatsvolk dar (Merkmal der Nation ist somit eng verbunden mit Form des demokratischen Rechtsstaates und der staatlichen Gewährung von Leistungen)

3. Leistungsstaat/Interventionsstaat
Funktionen: Herstellung der Sicherheit für die Bürger nach innen und außen, Rechtsordnung und Infrastruktur für eine funktionierende Marktwirtschaft. Der moderne Staat hat darüber hinaus Leistungsfunktionen übernommen und soll durch Interventionen in die private Verfügung von Eigentum für eine gerechte Verteilung von Grundgütern und ein angemessenes Bildungs- und Wohlfahrtsniveau für alle Bürger sorgen

4. Rechtsstaatlich gemäßigte Staatsgewalt
Staat verfügt über Macht, gegenüber seinen Bürgern und Personen, die sich auf seinem Gebiet aufhalten, Zwang auszuüben

5. Demokratie
Moderne Staaten üben ihre Herrschaft in demokratischen Verfahren und Strukturen aus

6. Bürokratie
Vollzug von Gesetzen ist einer Verwaltung aufgetragen, die nach Regeln und formalen Verfahren ihre Aufgabe in einer berechenbaren und kontrollierbaren Weise erfüllt

7. Verfassung
Institutionelle Ordnung des Staates ist nicht vorgegeben, sondern beruht auf politischen Entscheidungen

Governance im Staat
- In allen Staaten ganz verschiedene Modi von Governance (Verhandlungen, Netzwerke, Hierarchie und Wettbewerb und verschiedene Kombinationen dieser Governance-Modi)
- Staat als Institution: „Organisierte Willens- und Wirkungseinheit"
- Unterscheidung zwischen Staat und Gesellschaft bzw. anderen Staaten wird betont, die notwendig ist, um Kompetenzen, Grenzen und Legitimität der Herrschaft zu begründen
- Governance-Perspektive: Schwerpunkt liegt auf Vielfalt der kollektiven Akteure und ihrer Interaktionen

Grenzprobleme des Staates
1. Kompetenzen reichen nicht weiter als das Staatsgebiet
2. Kompetenzausübung setzt Zustimmung der Staatsbürger voraus
3. Staatsgewalt wird durch anerkannte Staatsfunktionen sowie durch Verfassung und Gesetze begrenzt

Hinsichtlich aller drei institutionellen Merkmale des Staates entstehen zunehmend Grenzprobleme und Grenzüberschreitungen, die durch neue Interaktions- und Koordinationsformen bewältigt werden müssen.

1. Folgen von Mobilität

- Staatsgrenzen werden zum Problem (zunehmende grenzüberschreitende Transaktionen durch Mobilität von Personen, Gütern und Kapital, durch Diffusion von Gewalt und ökologischen Risiken und durch Kommunikation von Werten und Kulturen)
- Staatsgrenzen behindern Freiheit der Individuen und Effizienz der transnationalen Wirtschaft und erscheinen in der Weltgesellschaft als anachronistisch (müssen durchlässiger werden)
- Aber: Werden auch wichtiger, um Dysfunktionen globaler Ströme von Personen, Waren und Kapital sowie transnational ausgetragener Gesellschaftskonflikte einzudämmen
- Globalisierung hat Bedeutung dezentraler Einheiten nicht geschwächt, sondern eher verstärkt, da diese im globalen Wettbewerb Standortbedingungen beeinflussen und mit sozialen und kulturellen Leistungen negativen Folgen der Globalisierung kompensieren
- Aber: Interdependenz zwischen Entscheidungen auf nationaler, regionaler und lokaler Ebene des Staates steigt
- **Beides führt zu Verflechtungen zwischen Gebietskörperschaften, die in intergouvernementalen Beziehungen bearbeitet werden müssen**

2. Sinkende Inklusion der Nation

- Zahl von Menschen, die in einem Staat leben, ohne die entsprechende Staatsangehörigkeit zu besitzen, steigt (Inklusion der Staatsbürgernation sinkt)
- Die für Demokratie erforderliche Kongruenz der einer Staatsgewalt unterworfenen und der die Staatsgewalt legitimierenden und kontrollierenden Personen ist damit nicht mehr gewährleistet

3. Auflösung der Funktionsgrenzen zwischen Staat und Gesellschaft

- Probleme der Funktionsgrenzen der Staatstätigkeit zeigen sich durch Ausdehnung von Kontrollen in private Sphäre bei gleichzeitiger Überforderung der Sozialleistungssysteme und durch zunehmende Verflechtung staatlicher und privater Organisationen bei der Erfüllung öffentlicher Aufgaben
- **Neue Formen der Arbeitsteilung zwischen Staat und privaten Anbietern von Leistungen entstehen, die durch vielfältige Governance-Modi koordiniert werden**

Interpendenzenproblem

- Governance im Nationalstaat hängt zunehmend mit Notwendigkeit zusammen, die an den territorialen, sozialen und funktionalen Grenzen der Institution Staat entstehenden „Interdependenzprobleme" zu bewältigen
- Grenzen trennen nicht mehr, sondern markieren Differenzierungen, die Koordinationsbedarf nach sich ziehen
- Da Staat im Verhältnis zu anderen Staaten, zu Angehörigen anderer Nationen oder zur Gesellschaft und zu privaten Akteuren nicht übergeordnet ist, können diese Koordinationsaufgaben nicht mit den klassischen Modi der autonomen Staatsgewalt erfüllt werden, sondern erfordern interaktive Politik zwischen Staaten, zwischen Gebietskörperschaften und privaten und staatlichen Akteuren
- **In institutionellen Strukturen des demokratischen Verfassungs- und Verwaltungsstaates entwickeln sich komplexere Governance-Formen im Schatten oder jenseits der Hierarchie**

Staat als institutionalisierte Herrschaftsordnung

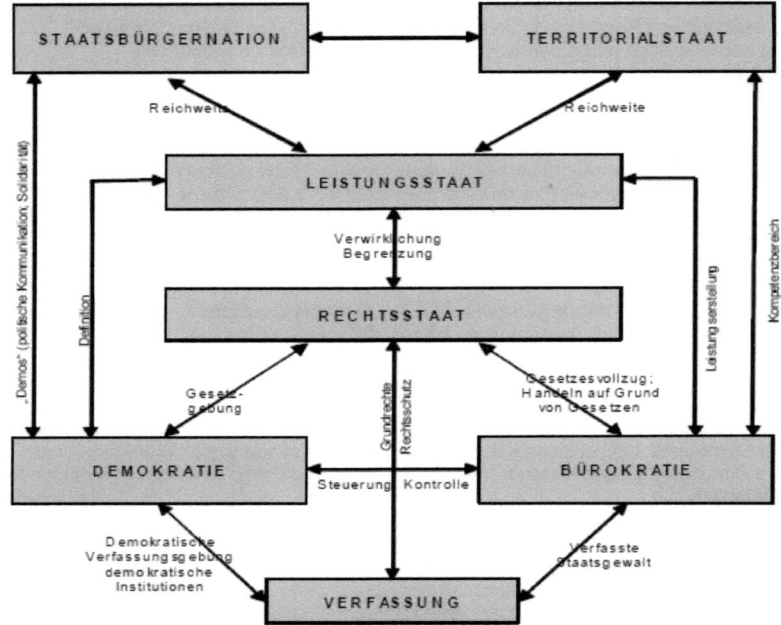

Abbildung 6: Staat als institutionalisierte Herrschaftsordnung (Quelle: Benz, Arthur, 2007: Grundlagen der Governance-Analyse. MA Governance, Modul 1.1, S. 155, Fakultät für Kultur- und Sozialwissenschaften, Fernuni Hagen.)

Governance der Demokratie
- Governance-Perspektive: Demokratische Regierungssysteme nach Formen der Interaktion und Mechanismen kollektiven Handelns qualifizieren
- Zusammenwirken zwischen Regierung und Parlament in der Gesetzgebung variiert nach Kombination aus Hierarchie, Verhandlungen und Wettbewerb

Politischer Wettbewerb
- Hierarchische Beziehung funktioniert zwischen Wählern und Parlamenten bzw. Präsidenten durch wechselseitige Anpassung (Wähler erteilen Mandat aufgrund von Erwartungen an künftige Politik ihrer Repräsentanten, diese wiederum handeln in Antizipation der Reaktionen von Wählern auf ihre Politik, da sie an der Wiederwahl interessiert sind)

Verhandlungssysteme
- Konkurrierende Parteien verhandeln bei Bildung von Koalitionsregierungen
- Besondere Form der Governance in Deutschland: Wenn im Bundestag und im Bundesrat unterschiedliche Parteien die Mehrheit bilden und Gesetze der Zustimmung beider Institutionen bedürfen (Zwang zur Aushandlung einer Entscheidung unter Bedingung, dass Verhandlungspartner zugleich in Parteienkonkurrenz um Wählerstimmen stehen)

Verhandlungen zwischen Regierung und Interessengruppen
- Oft werden Gesetze durch Verhandlungslösungen ersetzt

- Praxis nimmt zu, weil Staat umso mehr auf mächtige gesellschaftliche Interessen Rücksicht nehmen muss, je mehr er seine Funktionen ausdehnt, und weil Aufgaben über Staatsgrenzen hinaus wirken
- Folge: Entstehung von korporatistischen Verhandlungssystemen mit Verbänden und Formen der Politikverflechtung als weitere Varianten der Verhandlungsdemokratie
- Entstehung von Korporatismus und Politikverflechtung bei Gesetzgebung hat zwingende Konsequenz, dass Parlament gegenüber der Exekutive an Macht verliert

Verhandlungen im Schatten der Hierarchie
- Korporatistische Verhandlungssysteme entstehen, weil es für Regierungen oft leichter ist, Ziele in Absprachen mit Verbänden oder privaten Organisationen zu verwirklichen, als sie aufgrund eines Gesetzes durchzusetzen
- Möglichkeit, Konflikte durch ein Gesetz zu regeln, wirkt als „Schatten der Hierarchie" (motiviert Regierungen und Verbände, sich auf eine von der Parlamentsmehrheit gebilligte Verhandlungslösung zu einigen
- Ministerialverwaltung richtet dementsprechend häufig Entscheidungsvorbereitung auf beide Arenen aus: Sie bemüht sich in der Regel gleichzeitig um eine Vereinbarung mit Verbänden und um einen Gesetzentwurf

Wandel demokratischer Governance
- Verdichtung von Korporatismus und intergouvernementalen Verhandlungen führt zu „network governance", die demokratische Verantwortlichkeit und Kontrollen gefährdet
- Interaktionsmodi zwischen wichtigen Akteuren eines demokratischen Systems, zwischen Parlamenten, Regierungen, Parteien, Verbänden und Wählern ändern sich
- Kombination aus wechselseitiger Anpassung und Konkurrenz, die Funktionsweise der repräsentativen Demokratie gewährleistet, wird überlagert von verschiedenen Formen von Verhandlungen (die sich teilweise zu Netzwerken verdichten), deren Auswirkungen von Fall zu Fall variieren

Governance in der Bürokratie
Kooperative Verwaltung
- Praxis des Gesetzesvollzugs und der Leistungserbringung durch Behörden bezeichnet, die auf funktionsbezogenen Grenzprobleme zwischen Staat und Gesellschaft reagiert und im Kern auf Verhandlungen beruht
- Einflussstrukturen in Verhandlungen sind somit zwar durch ungleiche Machtverteilung geprägt, fallen aber nicht so eindeutig asymmetrisch aus wie in Hierarchie
- Verhandelnde Verwaltung operiert in bestenfalls schwachen Schatten der Hierarchie
- Verhandlungen in der Verwaltung sind Spiel auf mehreren Ebenen, in welchem die Regeln der Verwaltungshierarchie und Regeln, denen beteiligten privaten Akteure in ihren Organisationen oder Netzwerken unterliegen, selektiv wirken

New Public Management
- Funktionsgrenzen und Arbeitsteilung zwischen Staat und Privaten sollen neu bestimmt werden (Anbieterwettbewerb stärken, entweder indem vormals öffentliche Aufgaben durch Markt erstellt und verteilt werden oder indem sich staatliche Behörden der Konkurrenz stellen müssen)
- Effizienz der Verwaltung erhöhen, indem politische Zielsetzung und ausführende Tätigkeit klarer getrennt werden, dezentralen operationalen Einheiten mehr Autonomie erhalten und durch Leistungswettbewerbe, Zielvereinbarungen sowie systematisches Controlling gesteuert werden
- Trennung von Politik und Verwaltung scheitert weil Politiker in der Parteienkonkurrenz veranlasst werden, sich um konkrete Anliegen ihrer Wähler und damit um Details zu kümmern, anstatt sich auf längerfristige und allgemeine Ziele zu konzentrieren
- Widerspricht der hierarchischen Steuerung der Verwaltung durch Gesetze, die Grundlage ihrer demokratischen Legitimation bildet

Die Verwaltungsreformen haben damit kein Governance-Modell implementiert, sondern Veränderung in der Kombination von Governance-Modi erzeugt, deren Funktionsweise von der normativen Theorie zum Teil erheblich abweicht

Herausforderungen des Verfassungsstaates – Governance der Verfassungspolitik

- Grenzüberschreitungen der Politik und Veränderungen in den Funktionsmodi der Demokratie und der Bürokratie stellen Verfassungsstaat nicht infrage, aber erzwingen Anpassungen der Verfassung
- Verfassungspolitik ist Form von „Meta-Governance"
- Resultiert aus:
  - o Governance-Versagen der „normalen" Politik
  - o dauerhaften Blockaden der Interaktionen von Akteuren, die bei Entscheidungen zusammenwirken müssen
  - o Eskalation von Konflikten zwischen konkurrierenden Akteuren
  - o hegemonialer Überlegenheit von Akteuren, die nicht anerkannt ist

Stärkung oder Schwächung des Staates?

- These: Transformation, die zu „Zerfaserung" von Staatlichkeit führt
- Ursachen: Globalisierung von Wirtschaft und Gesellschaft, Überforderung des Leistungsstaates angesichts steigender Ansprüche der Bevölkerung und veränderter gesellschaftlicher Bedingungen
- Aber: Analytische Perspektive der Governance-Forschung verweist auf Dynamiken, die in der Funktionsweise einer komplexen institutionellen Konfiguration, wie sie der moderne Staat darstellt, angelegt sind
- **Governance bedeutet nicht das Ende der Herrschaftsform des Nationalstaates**